を解消！

イタリア語文法ドリル

小久保眞理江
Marie KOKUBO

SANSHUSHA

はじめに

　「イタリア語の文法はひと通り勉強したけど、まだあやふやなところがたくさんある」「覚えなければいけないことが多すぎて授業についていけない」「昔イタリア語を学んだことがあるけれど、もうだいぶ忘れてしまった」「入門書を1冊終えたけど、中級者向けの本は難しそう」…そんな悩みを持つ方のためにこの本は作られました。

　この本は、イタリア語の学習者が、よく迷うことや、間違いやすいこと、苦手意識を持ちやすいことなどに焦点を当てています。かつて私自身が抱いた疑問や、学習者の方々から寄せられた質問を中心に項目を立てました。各項目、最初の2ページで基本とポイントを確認してから、練習問題に取り組むという作りになっています。練習問題の後にある「すっきり」では、重要な点をもう一度確認することができます。また、もう少し詳しく知りたいという方のために、「＋α」もあります。イタリア語の文法事項を網羅するのではなく、重要な点や使用頻度の高い用法に的を絞って簡潔に解説するよう心がけました。初級から中級への架け橋として使っていただければ幸いです。

　例文や練習問題には、旅行や日常会話で使える単語や表現を多く取り入れました。各項目の文法事項に集中できるよう、できるだけシンプルで短い文章にしてあります。イタリア語の部分は、目で読むだけでなく、ぜひ声に出して読んでみてください。たくさん口に出して練習することで、イタリア語の感覚もどんどん磨かれていくと思います。

　実際にイタリア語を話す機会があるときは、ぜひ間違いを恐れずに積極的に話してみてください。ピノッキオもそうであるように、迷ったり間違えたりすることによってこそ、さまざまなことを知り、成長することができます。この本を地図代わりに使いながら、皆さんがイタリア語の世界での冒険を楽しんでくださることを願っています。

小久保真理江

イタリア語文法 ここがもやもやする

冠詞・形容詞類

- tutto tutta tutti tutte
- quel quella quei quelle
- dello degli dei
- lo gli l'
- il la i le

動詞

- sia
- sarei
- sarò
- ero
- sono

本書の使い方

本書は、入門文法書を終えたレベルの人が、初級文法の苦手な個所を無理なく習得、次のステップに進めるように配慮しました。

①「**キホンのルール**」
この文法項目で、基本となる知識です。うろ覚えの場合は、しっかり復習しましょう。

②「**ポイント**」この文法項目をより深く理解するためのポイントです。「キホンのルール」の細則、例外などにあたります。

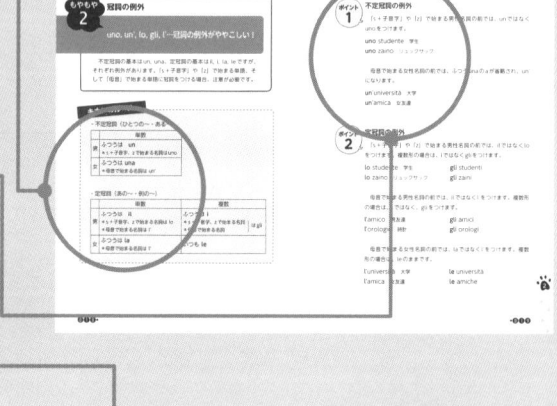

③「**練習問題**」前のページの知識を生かして問題を解いてみましょう。解答は巻末にあります。全問解き終わってから見るようにしましょう。

④「**すっきり**」この文法項目を攻略するための公式、アドバイスをまとめました。

⑤「**+α**」この文法項目に関する事柄を中心に補足説明しています。表現の幅を広げるのにも有効です。余裕のある人はぜひ活用ください。

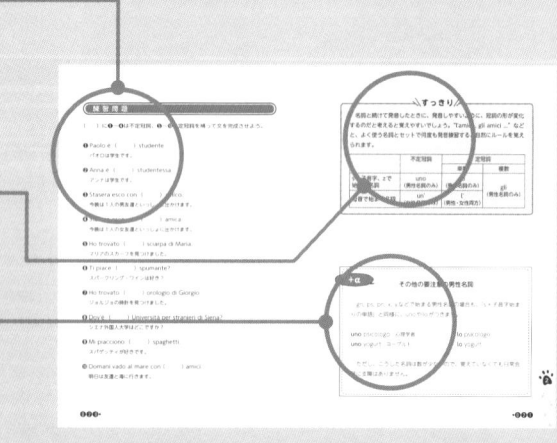

＊巻末付録「イタリア語文法早わかりシート」は、各課の「キホンのルール」「ポイント」をもとに再構成しています。

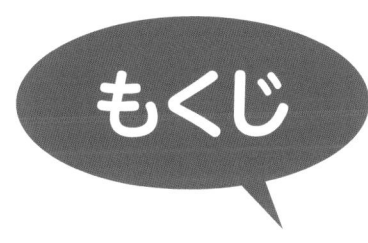

イタリア語文法ここがもやもやする	4
本書の使い方	6

第1部　冠詞・形容詞類がもやもやする！

1 冠詞の使い分け ……………………………………………… 14
定冠詞と不定冠詞、どちらを使うか迷います。

2 冠詞の例外 ……………………………………………………… 18
uno, un', lo, gli, l'…冠詞の例外がややこしい！

3 前置詞と定冠詞の結合 ……………………………………… 22
al, sulla…見ればわかるけど使えません！

4 指示形容詞 ……………………………………………………… 26
quelloの男性単数がquelなのがまぎらわしいです。

5 指示形容詞と指示代名詞 …………………………………… 30
同じquelloでも指示形容詞と指示代名詞で形が違う？

6 所有形容詞 ………………………………………………………… 34

「彼の」がsuo、「彼女の」がsuaではないのですか？

7 不定形容詞 qualche, ogni, alcuni, tutti ………………… 38

単数か複数かで迷います。

第2部　動詞がもやもやする！

8 動詞の規則活用 ………………………………………………… 44

似ているようで違う…。どこに注意すればいいですか？

9 -ire動詞の規則活用 …………………………………………… 48

-ire動詞の規則活用が2種類あって迷います。

10 piacereの使い方 ……………………………………………… 52

「私は好き」なのにpiaceは3人称？

11 近過去 …………………………………………………………… 56

近過去を作るとき、essereかavereかで迷います。

12 近過去と半過去 60

近過去と半過去の違いがわかっていない…と思います。

13 再帰動詞の近過去 64

再帰動詞の近過去、見ればわかるけど使えません。

14 大過去 68

Il treno era partito. は近過去？　半過去？

15 ジェルンディオ 72

「〜しているところ」と訳すとヘンなのですが…。

16 受動態 76

近過去のessere＋過去分詞とどう違うのですか？

17 未来形 80

現在のことに未来形を使っているのはなぜ？

18 条件法 84

vorreiとvoglioの違いは何ですか？

19 接続法 88

接続法って、いつ使うのでしたっけ？

20 命令法 ……………………………………………………… 92

scusaとscusiはどう違うのですか？

第3部　前置詞、代名詞…まだまだもやもやする！

21 前置詞 ……………………………………………………… 98

いろいろあって、どれを使えばいいか迷います。

22 前置詞と動詞 …………………………………………… 102

aとdiどちらをとる動詞か迷います。

23 形容詞の位置 …………………………………………… 106

あれー、名詞の前にも形容詞がある…。

24 名詞と形容詞、複数形の語尾 ……………………… 110

-iで終わっていたら男性名詞じゃないんですか？

25 bello, buono, bene ……………………………………… 114

belloとbuonoとbeneの使い分けが難しいです…。

26 比較級・最上級 ……………………………………………………118
più ... di 〜と più ... che 〜の使い分けが苦手です。

27 目的語代名詞 ……………………………………………………122
「彼を」は lo、「彼に」は gli…3人称でいつも迷います。

28 目的語代名詞の複合形 …………………………………………126
「君にそれを貸す」は Ti lo presto. でいいですか？

29 代名小詞 (ci と ne) ………………………………………………130
ci や ne をいつ使えばいいのかよくわかりません。

30 関係代名詞 ………………………………………………………134
関係代名詞はいつも che でいいですか？

練習問題の解答 ……………………………………………………… 138

イタリア語文法早わかりシート ……………………………………144

時制のまとめ …………………………………………………………150

第1部

冠詞・形容詞類がもやもやする！

un, il, al, quel など、ここでは名詞の前につくさまざまな言葉を取り上げます。名詞の性や数、どんな文字で始まっているかによって形が変わるのが厄介です。わかっているつもりでも、意外と間違えやすいのではないでしょうか？ それぞれの意味と語形変化をしっかり押さえておきましょう。

もやもや 1 　冠詞の使い分け

定冠詞と不定冠詞、どちらを使うか迷います。

定冠詞と不定冠詞、どちらを使うかによって意味が少し変わるので、注意が必要です。それぞれの用法を確認しておきましょう。

キホンのルール

・不定冠詞

男性名詞	un
女性名詞	una

・定冠詞

	単数	複数
男性名詞	il	i
女性名詞	la	le

ポイント 1 　不定冠詞

「1冊の本」や「ある本」のように、具体的に特定されていないものを指すときは、un libroのように不定冠詞を使います。

Ho comprato **un** libro.
（あなたはどの本のことか知らないだろうけど）本を（1冊）買った。
＊どの本を買ったのか聞き手にはわからない

Mi presti **una** penna?
（何でもいいから）ペンを（1本）貸してくれる？
＊どのペンかは特定されていない

定冠詞（限定用法）

「すでに話題に上っているもの」など、文脈や状況から、具体的に特定できるものを指すときは、il libro のように定冠詞を使います。

Ho comprato **il** libro.
（例の）本を買った。
＊どの本のことなのか、話し手と聞き手がわかっている

Mi presti **la** penna?
（その）ペンを貸してくれる？
＊どのペンのことを言っているのか、話し手と聞き手がわかっている

La casa di Giorgia è grande.
ジョルジアの家は大きい。
＊di Giorgia によって、どの家のことかが特定されている

定冠詞（総称的用法）

「ジェラート一般」「犬一般」のように、一般的・総称的な意味で何かを指すときにも、定冠詞を使います。

Mi piace **il** gelato.
私はジェラート（一般）が好き。

Il cane è fedele al padrone.
犬（一般）は飼い主に忠実だ。

La vita è bella.
人生（一般）は美しい。

練習問題

(　　) に適切な冠詞を書き入れよう。

❶ C'è (　　　) bar qui vicino?
この近くにバールはありますか？

❷ Posso provare (　　　) giacca nera in vetrina?
ショーウインドーの中のあの黒いジャケットを試着してもいいですか？

❸ Avete (　　　) camera libera per stasera?
今晩空いている部屋はありますか？

❹ Ho mangiato (　　　) pizza ieri. (　　　) pizza era molto grande.
昨日ピザを食べました。そのピザはとても大きかったです。

❺ (　　　) marito di Anna è molto simpatico.
アンナの旦那さんはとても感じがよい。

❻ Mi piace (　　　) cucina italiana.
私はイタリア料理が好きです。

❼ Conosci (　　　) ragazzo alto?
あの背の高い男の子を知ってる？

❽ Conosco (　　　) buon ristorante italiano.
おいしいイタリア料理の店を1軒知っています。

❾ Ti piace (　　　) musica classica?
クラシック音楽は好き？

❿ Ieri ho comprato (　　　) camicia e (　　　) cappello.
(　　　) camicia era molto economica.
昨日シャツと帽子を買いました。そのシャツはとても安かったです。

すっきり

不定冠詞と定冠詞の使い分けは、日本語を母語とする人にとって難しいところもありますが、意味の違いを意識してイタリア語に触れ続ければ、だんだん慣れて、感覚がつかめてきます。
- 何を指しているのか聞き手がわからない（重要でない）場合→不定冠詞
- 何を指しているのか聞き手もわかる場合や、一般的・総称的に何かを指す場合→定冠詞

+α　冠詞の省略

イタリア語では、冠詞が省略されることもあります。いくつかの例を見ておきましょう。これらをすぐに覚える必要はありません。冠詞は省略される場合もあるということを理解しておけば十分です。

1)「動詞＋名詞」の慣用表現
　Ho fame.　おなかがすきました。
　Vorrei **cambiare casa**.　引っ越したいです。

2)「前置詞＋名詞」のさまざまな表現
　Sono **in ufficio**.　今オフィスにいます。
　Ci vediamo **a casa** mia.　私の家で会いましょう。
　Andiamo **in bicicletta**.　自転車で行きましょう。
　Ho comprato una borsa **da viaggio**.　旅行用カバンを買いました。
　Vorrei un anello **d'oro**.　金の指輪が欲しいです。

もやもや 2　冠詞の例外

uno, un', lo, gli, l'…冠詞の例外がややこしい！

不定冠詞の基本はun, una、定冠詞の基本はil, i, la, leですが、それぞれ例外があります。「s＋子音字」や「z」で始まる単語、そして「母音」で始まる単語に冠詞をつける場合、注意が必要です。

キホンのルール

・不定冠詞（ひとつの〜・ある〜）

	単数
男	ふつうは　un ＊s＋子音字、zで始まる名詞はuno
女	ふつうは una ＊母音で始まる名詞は un'

・定冠詞（あの〜・例の〜）

	単数	複数
男	ふつうは　il ＊s＋子音字、zで始まる名詞は lo ＊母音で始まる名詞は l'	ふつうは i ＊s＋子音字、zで始まる名詞 ＊母音で始まる名詞　　　　}は gli
女	ふつうは la ＊母音で始まる名詞は l'	いつも le

ポイント1 不定冠詞の例外

「s＋子音字」や「z」で始まる男性名詞の前では、unではなくunoをつけます。

uno studente　学生
uno zaino　リュックサック

母音で始まる女性名詞の前では、ふつうunaのaが省略され、un'になります。

un'università　大学
un'amica　女友達

ポイント2 定冠詞の例外

「s＋子音字」や「z」で始まる男性名詞の前では、ilではなくloをつけます。複数形の場合は、iではなくgliをつけます。

lo studente　学生　　　　　　**gli** studenti
lo zaino　リュックサック　　　**gli** zaini

母音で始まる男性名詞の前では、ilではなくl'をつけます。複数形の場合は、iではなく、gliをつけます。

l'amico　男友達　　　　　　　**gli** amici
l'orologio　時計　　　　　　　**gli** orologi

母音で始まる女性名詞の前では、laではなくl'をつけます。複数形の場合は、leのままです。

l'università　大学　　　　　　**le** università
l'amica　女友達　　　　　　　**le** amiche

練習問題

（　）に❶〜❹は不定冠詞、❺〜❿は定冠詞を補って文を完成させよう。

❶ Paolo è（　　）studente.
パオロは学生です。

❷ Anna è（　　）studentessa.
アンナは学生です。

❸ Stasera esco con（　　）amico.
今晩は1人の男友達といっしょに出かけます。

❹ Stasera esco con（　　）amica.
今晩は1人の女友達といっしょに出かけます。

❺ Ho trovato（　　）sciarpa di Maria.
マリアのスカーフを見つけました。

❻ Ti piace（　　）spumante?
スパークリング・ワインは好き？

❼ Ho trovato（　　）orologio di Giorgio.
ジョルジョの時計を見つけました。

❽ Dov'è（　　）Università per stranieri di Siena?
シエナ外国人大学はどこですか？

❾ Mi piacciono（　　）spaghetti.
スパゲッティが好きです。

❿ Domani vado al mare con（　　）amici.
明日は友達と海に行きます。

すっきり

　名詞と続けて発音したときに、発音しやすいように、冠詞の形が変化するのだと考えると覚えやすいでしょう。"l'amico, gli amici ..." などと、よく使う名詞とセットで何度も発音練習すると自然にルールを覚えられます。

	不定冠詞	定冠詞 単数	定冠詞 複数
s＋子音字、zで始まる名詞	uno（男性名詞のみ）	lo（男性名詞のみ）	gli（男性名詞のみ）
母音で始まる名詞	un'（女性名詞のみ）	l'（男性・女性両方）	gli（男性名詞のみ）

+α　その他の要注意の男性名詞

　gn、ps、pn、x、yなどで始まる男性名詞の場合も、「s＋子音字始まりの単語」と同様に、unoやloがつきます。

uno psicologo　心理学者　　　　lo psicologo
uno yogurt　ヨーグルト　　　　　lo yogurt

　ただし、こうした名詞は数が少ないので、覚えていなくても日常会話に支障はありません。

もやもや3 前置詞と定冠詞の結合

al, sulla…見ればわかるけど使えません！

前置詞のうち、a, su, da, di, inの5つは、その後にくる定冠詞と結合します。前置詞と定冠詞の結合形は、数が多くて一見覚えるのが大変そうですが、ちょっとしたポイントさえ押さえれば覚えるのは簡単です。

キホンのルール

	il	lo	la	l'	i	gli	le
a	al	allo	alla	all'	ai	agli	alle
su	sul	sullo	sulla	sull'	sui	sugli	sulle
da	dal	dallo	dalla	dall'	dai	dagli	dalle
di	del	dello	della	dell'	dei	degli	delle
in	nel	nello	nella	nell'	nei	negli	nelle

Vado **al** supermercato. スーパーに行きます。
　(a + il)
C'è una mela **sulla** tavola. テーブルの上にリンゴがあります。
　　　　(su + la)

ポイント1 ilの変化

前置詞とilがくっつくと、iが消えます。

a + il = **al**　　　su + il = **sul**　　　da + il = **dal**

ポイント2 lの変化

l（エッレ）で始まる定冠詞（lo, la, l', le）が前置詞とくっつくと、lが1つ増えます。

a + lo = **allo**　　a + la = **alla**　　su + l' = **sull'**　　su + le = **sulle**

ポイント3 diとinの変化

diとinは、定冠詞とくっつくと、それぞれdeとneに変わります。

di + i = **dei**　　　di + la = **della**　　　di + il = **del**
in + i = **nei**　　　in + la = **nella**　　　in + il = **nel**

練習問題

( ) に前置詞と定冠詞の結合形を入れて文を完成させよう。

❶ C'è una borsa ( ) sedia. [su + la]
椅子の上にバッグがあります。

❷ Ci vediamo ( ) bar! [a + il]
バールで会いましょう！

❸ Ho messo i libri ( ) scatole. [in + le]
本は箱の中に入れました。

❹ Fra poco mio padre torna ( ) lavoro. [da + il]
もうすぐ父が仕事から帰ってきます。

❺ La mappa è ( ) zaino. [in + lo]
地図はリュックの中にあります。

❻ Ho perso la chiave ( ) macchina. [di + la]
車の鍵をなくしました。

❼ Domenica vado ( ) stadio. [a + lo]
日曜日、スタジアムに行きます。

❽ C'è un gatto ( ) albero. [su + l']
木の上にネコがいます。

❾ Il mese prossimo mio fratello torna ( ) Stati Uniti. [da + gli]
来月、私の兄がアメリカから帰ってきます。

❿ Dove posso comprare il biglietto ( ) autobus? [di + l']
バスの切符はどこで買えますか？

> **すっきり**
>
> 基本的には前置詞と定冠詞をくっつけるだけです。ただし、少し形が変わるところもあるので、以下の点に注意しましょう。
> - il→l（iが消える）
> - lで始まる冠詞（lo, la, l', le）→ llo, lla, ll', lle（lが1つ増える）
> - di→de
> - in→ne

+α　部分冠詞

「diと定冠詞との結合形」は、「部分冠詞」と同じ形をしています。

部分冠詞は、「いくらかの・いくつかの」といった漠然とした数や量を表します。

Vuoi **del** pane?
（いくらかの）パン欲しい？

Ho comprato **dei** dolci.
（いくつかの）お菓子を買いました。

「di＋定冠詞の結合」なのか「部分冠詞」なのかは、ふつう文脈からすぐに見分けられます。

もやもや 4 指示形容詞

quelloの男性単数がquelなのがまぎらわしいです。

「あの」や「その」を意味するquelloは、後に続く言葉の性や数によって少し形が変わります。一見、数が多くて覚えるのが大変そうですが、定冠詞の語形変化とよく似ているので、定冠詞を思い出せば簡単です。

キホンのルール

	単数	複数
男性名詞	ふつうは **quel** ＊s＋子音字、zで始まる名詞は quello ＊母音で始まる名詞は quell'	ふつうは **quei** ＊s＋子音字、zで始まる名詞 ＊母音で始まる名詞は quegli
女性名詞	ふつうは **quella** ＊母音で始まる名詞は quell'	いつも **quelle**

男性名詞・単数形

・定冠詞のilがつく単語ならquel
il libro……**quel** libro　あの本

・定冠詞のloがつく単語（s＋子音字やz始まり）ならquello
lo studente……**quello** studente　あの学生

・定冠詞のl'がつく単語（母音始まり）ならquell'
l'albero……**quell'**albero　あの木

男性名詞・複数形

・定冠詞のiがつく単語ならquei
i libri……**quei** libri　あれらの本

・定冠詞のgliがつく単語（s＋子音字やz始まり・母音始まり）ならquegli
gli studenti……**quegli** studenti　あれらの学生
gli alberi……**quegli** alberi　あれらの木

女性名詞・単数形

・定冠詞のlaがつく単語ならquella
la penna……**quella** penna　あのペン

・定冠詞のl'がつく単語ならquell'
l'amica……**quell'**amica　あの女友達

女性名詞・複数形

・どんな単語でもquelle
le amiche……**quelle** amiche　あれらの女友達

練習問題

( ) に quello を適切な形にして入れて文を完成させよう。

❶ (　　　　　) vini sono buoni.
あれらのワインはおいしい。

❷ (　　　　　) attrice è molto bella.
あの女優はとても美しい。

❸ (　　　　　) città è piccola.
あの街は小さい。

❹ (　　　　　) chiese sono antiche.
あれらの教会は古い。

❺ (　　　　　) romanzo è molto interessante.
あの小説はとても面白い。

❻ (　　　　　) alberi sono molto belli.
あの木々はとても美しい。

❼ (　　　　　) studenti sono molto bravi.
あの学生たちはとても優秀だ。

❽ (　　　　　) università è famosa.
あの大学は有名だ。

❾ (　　　　　) studente non è molto serio.
あの学生はあまり真面目ではない。

❿ (　　　　　) orologio è costoso.
あの時計は高い。

> ### すっきり
>
> 指示形容詞 quello の変化は定冠詞の語形変化とよく似ています。
>
> il……quel
> lo……quello
> l'……quell'
> i……quei
> la……quella
> le……quelle

+α　belloの語形変化

「美しい」や「素晴らしい」を意味する形容詞 bello は、名詞の前に置かれると、quello と同じように変化します。したがって、quello の変化の法則を覚えてしまえば、bello も楽に使いこなせるようになります。

美しい少年	bel ragazzo	bei ragazzi
美しい少女	bella ragazza	belle ragazze
美しい木	bell'albero	begli alberi

ただし、bello（美しい）が名詞の後に置かれるときは、通常の形容詞と同じ変化をします。

Quel ragazzo è bello.　　　Quei ragazzi sono belli.
Quella ragazza è bella.　　Quelle ragazze sono belle.
Quell'albero è bello.　　　Quegli alberi sono belli.

もやもや 5　指示形容詞と指示代名詞

同じquelloでも指示形容詞と指示代名詞で形が違う？

quelloは、指示形容詞（その〜・あの〜）のほかに、指示代名詞（それ・あれ）として使われる場合があります。どちらの意味で使われるかによって、語尾変化が異なるので混同しないようにしましょう。

キホンのルール

指示形容詞（その・あの）が定冠詞に似た語尾変化をするのに対し、指示代名詞（それ・あれ）は、「-oで終わる形容詞」と同じように変化します。

・指示形容詞（その〜・あの〜）

	単数	複数
男	ふつうは **quel** ＊s＋子音字、zで始まる名詞は quello ＊母音で始まる名詞は quell'	ふつうは **quei** ＊s＋子音字、zで始まる名詞 ＊母音で始まる名詞 　は quegli
女	ふつうは **quella** ＊母音で始まる名詞は quell'	いつも **quelle**

・指示代名詞（それ・あれ）

	単数	複数
男	いつも **quello**	いつも **quelli**
女	いつも **quella**	いつも **quelle**

男性名詞単数のとき

指示形容詞（その〜・あの〜）：基本が quel で、例外あり。
指示代名詞（それ・あれ）：常に quello で、例外なし。

Quel libro è vecchio.　あの本は古いです。
Quello è un libro vecchio.　あれは古い本です。

Quell'orologio è costoso.　あの時計は高いです。
Quello è un orologio costoso.　あれは高い時計です。

男性名詞複数のとき

指示形容詞（それらの〜・あれらの〜）：基本が quei で、例外あり。
指示代名詞（それら・あれら）：常に quelli で、例外なし。

Quei libri sono vecchi.　あれらの本は古いです。
Quelli sono libri vecchi.　あれらは古い本です。

Quegli orologi sono costosi.　あれらの時計は高いです。
Quelli sono orologi costosi.　あれらは高い時計です。

女性名詞単数のとき

指示形容詞（その〜・あの〜）：基本が quella で、例外あり。
指示代名詞（それ・あれ）：常に quella で、例外なし。

Quella libreria è famosa.　あの本屋は有名です。
Quella è una libreria famosa.　あれは有名な本屋です。

Quell'osteria è economica.　あの居酒屋は安いです。
Quella è un'osteria economica.　あれは安い居酒屋です。

練習問題

( ) に適切な語を入れて文を完成させよう。

❶ Quanto costano (　　　　　) guanti?
あの手袋はいくらですか？

❷ (　　　　　) treno va a Milano?
あの電車はミラノへ行きますか？

❸ (　　　　　) sono studenti della mia classe.
あれらは私のクラスの生徒です。

❹ (　　　　　) sono scarpe da tennis.
あれはテニスシューズです。

❺ (　　　　　) sono pantaloni da uomo.
あれは男性用のズボンです。

❻ Quanto costa (　　　　　) borsa?
あのバッグはいくらですか？

❼ (　　　　　) è il mio insegnante d'italiano.
あれは私のイタリア語の先生です。

❽ (　　　　　) studente è spesso assente.
あの学生はよく欠席します。

❾ (　　　　　) è un'università privata.
あれは私立大学です。

❿ Posso provare (　　　　　) orecchini?
あのイヤリングを試してみてもいいですか？

すっきり

指示形容詞（あの〜・その〜）は、定冠詞のように常に名詞の直前に置かれるので、定冠詞と似たように変化するのだと考えると覚えやすいでしょう。

それに対して、指示代名詞（あれ・それ）の方は、名詞の直前に置かれることがないので、「s＋子音始まり」や「母音始まり」などに注意する必要がありません。

+α 複数扱いのもの

手袋（guanti）、眼鏡（occhiali）、靴（scarpe）、ズボン（pantaloni）、イヤリング（orecchini）などは、2つのパーツが組み合わさっているので、常に複数扱いになります。

Vorrei provare quelle scarpe.
あの靴を試したいです。

「1足（1組）の〜」や「2足（2組）の〜」と言いたい場合は、un paio di ... や due paia di ... と表現します。

un paio di scarpe　1足の靴
due paia di scarpe　2足の靴
un paio di guanti　1組の手袋
quattro paia di guanti　4組の手袋
＊paia は paio の複数形（例外的な語尾変化）

もやもや 6 所有形容詞

「彼の」がsuo、「彼女の」がsuaではないのですか？

「私の〜」「君の〜」「彼の〜」などの意味を表す所有形容詞は、「所有者」ではなく「所有されているもの」の性や数によって形が変わります。

キホンのルール

所有の対象 / 所有者	男性名詞 単数	男性名詞 複数	女性名詞 単数	女性名詞 複数
私の	mio	miei	mia	mie
君の	tuo	tuoi	tua	tue
彼・彼女・あなたの	suo	suoi	sua	sue
私たちの	nostro	nostri	nostra	nostre
君たちの	vostro	vostri	vostra	vostre
彼ら・彼女らの	loro	loro	loro	loro

ポイント 1 　語尾は「所有されているもの」の性・数に応じて変化

注目すべきは「所有されているもの」の性別や数です。「所有者」が男性か女性かは問題にはなりません。

il **mio** libro　私の本　　la **mia** penna　私のペン
＊libroは男性・単数なのでmio、pennaは女性・単数なのでmiaになる

i **miei** libri　私の本　　le **mie** penne　私のペン
＊libriは男性・複数なのでmiei、penneは女性・複数なのでmieになる

ポイント2 suoは「彼の」「彼女の」「あなたの」

イタリア語では、英語のhisとherのような使い分けはなく、「彼の」も「彼女の」も同じ形です。il suo libroは、「彼の本」という意味にもなりえますし、「彼女の本」という意味にもなりえます（どちらの意味かは文脈から判断します）。

また、敬称のLeiを示す「あなたの」という意味にもなりえます。

＊「あなたの」の意味で使われる場合は、Suoのように最初の文字が大文字で書かれることもある

ポイント3 「それの〜」

文脈によっては、suo, sua, suoi, sueが「それの」という意味になることもあります。例えば、次のような文の場合、suoiは「その（会社の）」という意味になります。

Quell'azienda ha licenziato la metà dei suoi dipendenti.
あの会社は従業員の半数を解雇した。

同じように、loroも文脈によっては「それらの」という意味になることがあります。

> 練 習 問 題

日本語文を参考に（　）に正しい所有形容詞を入れよう。

❶ La (　　　) casa è molto grande.
　彼の家はとても大きいです。

❷ Questi sono i (　　　) quaderni.
　これらは彼のノートです。

❸ La (　　　) macchina è rotta.
　私の車は壊れています。

❹ Tutte le (　　　) amiche sono gentili.
　彼女の女友達はみんな優しいです。

❺ Queste sono le (　　　) chiavi.
　これらは彼の鍵です。

❻ Il (　　　) ufficio è molto piccolo.
　彼らのオフィスはとても小さい。

❼ Il (　　　) dizionario è molto vecchio.
　彼女の辞書はとても古いです。

❽ Tutti i (　　　) studenti sono simpatici.
　彼女の学生はみんな感じがいいです。

❾ Questo dizionario è (　　　)?
　この辞書は君の？

❿ Mi piacciono i (　　　) orecchini.
　彼女のイヤリングが好きです。

> **すっきり**
>
> 「彼の」と「彼女の」が同じ形というのは、最初は違和感があるかもしれませんが、何度も練習するうちに次第に慣れていき、違和感もなくなっていくはずです。
> - 所有形容詞は、「所有者」ではなく「所有されているもの」の性や数に合わせて語尾変化する
> - 「彼らの」「彼女らの」のときは、どんな名詞にかかっていても、常にloroで、語尾変化はしない

+α 所有形容詞と冠詞

名詞を修飾する場合、基本的に所有形容詞の前には冠詞がつきます。
冠詞 + 所有形容詞 + 名詞 の順になります。

il mio studente　　i miei studenti

＊冠詞と名詞が直接隣り合わないので、「s＋子音字始まり」や「z始まり」、「母音始まり」などの単語に注意する必要はない（つまり、所有形容詞がある場合、uno, lo, gli, l'などの冠詞は使わない）

「親族を表す言葉の単数形」にかかっている場合、定冠詞は省きます。

mio padre（×il mio padre）　　mia madre（×la mia madre）
mio fratello（×il mio fratello）　mia sorella（×la mia sorella）

＊ただし、loroのときは、「親族を表す言葉の単数形」であっても定冠詞をつける

il loro padre（×loro padre）　　la loro madre（×loro madre）

もやもや 7 不定形容詞 qualche, ogni, alcuni, tutti

単数か複数かで迷います。

同じ「何冊かの本」という意味でも、qualcheを使うときは、qualche libroと名詞が単数形なのに対して、alcuniを使うときはalcuni libriと複数形になります。間違いやすい表現を整理しておきましょう。

キホンのルール

・単数形をとるもの
　qualche　（いくつかの、何人かの）
　ogni　（すべての、それぞれの、毎～）

・複数形をとるもの
　alcuni, alcune　（いくつかの、何人かの）
　tutti, tutte　（すべての、毎～）

ポイント 1　qualche ＋単数、alcuni/alcune ＋複数

qualcheを使うときは、その後の名詞は単数形です。alcuni/alcuneを使うときは、その後の名詞は複数形になります。

何冊かの本	qualche libro	alcuni libri
何本かのペン	qualche penna	alcune penne
何人かの学生	qualche studente	alcuni studenti
何人かの女学生	qualche studentessa	alcune studentesse

ポイント2　ogni＋単数、tutti/tutte＋複数

　ogniを使うときは、その後の名詞は単数形です。tutti/tutteを使うときは、その後の名詞は複数形になります。
　tutti/tutteの場合は、定冠詞が入ります。

毎日	ogni giorno	tutti i giorni
毎週	ogni settimana	tutte le settimane
毎月	ogni mese	tutti i mesi
毎年	ogni anno	tutti gli anni
すべての店	ogni negozio	tutti i negozi
すべての部屋	ogni camera	tutte le camere

ポイント3　tutto/tutta＋単数

　tutti/tutte（形容詞tuttoの複数形）の後は複数形ですが、tutto/tuttaの場合は当然ながら単数形です。tuttoやtuttaの場合も定冠詞が入ります。

Ho letto tutto il libro. （その）本を全部読んだ。
Ho mangiato tutta la torta. （その）ケーキを全部食べた。

　tutto il giornoは「一日中」、tutti i giorniは「毎日」という意味になります。単数形か複数形かで意味が違いますので、注意しましょう。

練習問題

[　]内の単語を適切な形にして文を完成させよう。必要な場合、定冠詞もつけよう。

❶ Ho comprato alcune _____ alla stazione. [rivista]
駅で雑誌を何冊か買いました。

❷ Studi italiano tutti _____ ? [giorno]
毎日、イタリア語を勉強している？

❸ Tutte _____ la terrazza? [camera, avere]
すべての部屋にテラスはついていますか？

❹ Vado a bere con i miei colleghi ogni _____ . [venerdì]
毎週金曜、同僚と飲みに行きます。

❺ _____ qualche _____ nel parco. [ci, essere, gatto]
公園には何匹か猫がいます。

❻ Leggo il giornale ogni _____ . [mattina]
毎朝、新聞を読みます。

❼ Ho parlato con alcuni _____ . [studente]
何人かの生徒と話をしました。

❽ Hai qualche _____ ? [moneta]
いくらか小銭はある？

❾ Ogni _____ i suoi problemi. [persona, avere]
すべての人はそれぞれに問題を抱えている。

❿ Ieri ho studiato tutto _____ . [giorno]
昨日は一日中勉強しました。

> **すっきり**
> ・ogniとqualcheは単数形
> ・tutto, tutta, tutti, tutteの後は、定冠詞を忘れないように注意

+α　もうひとつのqualche、ogniの使い方

　qualcheは、「いくつかの／何人かの」という意味以外に、「何らかの／誰かしらの」という意味で使われることもあります。

Maria è arrabbiata per qualche ragione.
マリアは何らかの理由で怒っている。

　ogniは「すべての」という意味以外に、「〜ごと」という意味で使われることもあります。
　ogniの後は基本的に単数形ですが、「2時間ごと」「2週間ごと」のように「〜ごと」の意味でogniを使う場合は、ogni due ore、ogni due settimaneのように複数形を使います。

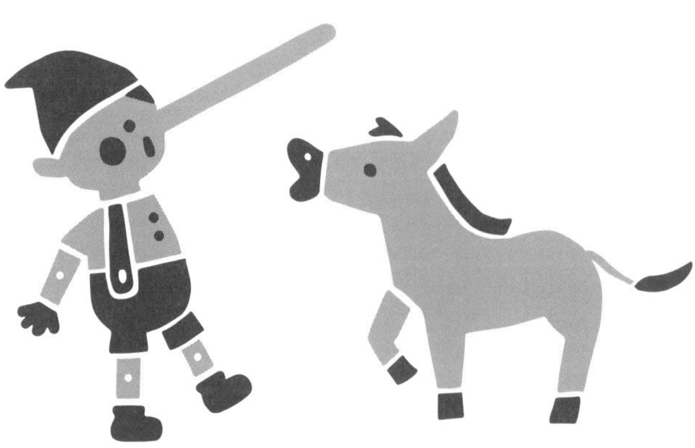

第2部

動詞がもやもやする！

　イタリア語の勉強で一番大変なのは、動詞の活用を覚えることかもしれません。覚えたつもりでも、いざというときにさっと口から出てこなかったりします。気長に勉強し続けましょう。慣れてくると自然に口から出てくるようになります。

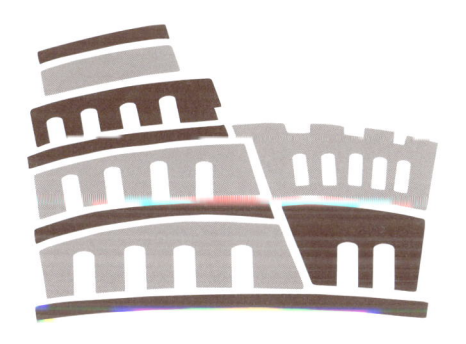

もやもや 8 動詞の規則活用

似ているようで違う…。どこに注意すればいいですか？

　-are動詞、-ere動詞、-ire動詞の活用規則には同じところと違うところがあります。それぞれの活用規則を見比べて、整理しておきましょう。

キホンのルール

	-are動詞	-ere動詞	-ire動詞 ＊isc型を除く
io	-o		
tu	-i		
lui/lei	-a	-e	
noi	-iamo		
voi	-ate	-ete	-ite
loro	-ano	-ono	

ポイント1 io, tu, noi のとき

不規則動詞などを除けばどの動詞でも基本的には、以下のような活用になります。

io: -o　　　　　　　　　(amo, prendo, dormo)
tu: -i　　　　　　　　　(ami, prendi, dormi)
noi: -iamo　　　　　　　(amiamo, prendiamo, dormiamo)

ポイント2 3人称単数（lui/lei）のとき

-are動詞なら語尾は-a、それ以外なら-eになります。

-are動詞：-a　　　　　　amare → ama
それ以外（-ere, -ire）：-e　　prendere → prende
　　　　　　　　　　　　dormire → dorme

ポイント3 2人称複数（voi）のとき

それぞれ、-ate, -ete, -ite になります。

-are動詞：-ate　　　　　amare → amate
-ere動詞：-ete　　　　　prendere → prendete
-ire動詞：-ite　　　　　dormire → dormite

ポイント4 3人称複数（loro）のとき

-are動詞なら語尾は-ano、それ以外なら-onoになります。

-are動詞：-ano　　　　　amare → amano
それ以外（-ere, -ire）：-ono　prendere → prendono
　　　　　　　　　　　　dormire → dormono

練習問題

[　　]内の動詞を使って文を完成させよう。

[mangiare, aprire, parlare, partire, dormire, chiudere, prendere, arrivare, leggere]

❶ I miei genitori (　　　　　　) alle quattro.
私の両親は4時に出発します。

❷ Anna (　　　　　　) la metro per andare al lavoro.
アンナは地下鉄に乗って仕事に行きます。

❸ I miei figli (　　　　　　) spesso i fumetti.
私の息子たちはよくマンガを読みます。

❹ La domenica mattina Marco (　　　　　　) fino alle 11.
日曜の朝マルコは11時まで寝ます。

❺ Domani mattina a che ora (　　　　　　) il negozio?
(あなた方は) 明日の朝何時に店を開けますか？

❻ A che ora (　　　　　　) a Firenze questo treno?
この電車は何時にフィレンツェに到着しますか？

❼ Stasera a che ora (　　　　　　) il negozio?
(あなた方は) 今晩何時に店を閉めますか？

❽ Di solito che cosa (　　　　　　) a colazione?
(君は) ふだん朝食に何を食べる？

❾ In che lingua (　　　　　　) tra voi?
(あなた方は) 何語で話していますか？

> **すっきり**

- io, tu, noi …… -o, -i, -iamo
- 3人称単数（lui/lei）……-are動詞なら -a、それ以外なら -e
- 3人称複数（loro）……-are動詞なら -ano、それ以外なら -ono
- 2人称複数（voi）……それぞれ -ate, -ete, -ite

　動詞のなかで最も数が多いのは -are 動詞です。まずは、-are 動詞の活用をしっかり覚えてから、-ere 動詞、-ire 動詞の活用も覚えましょう。よく使う動詞の活用を io から loro まで何度も口に出して練習しましょう。

+α 動詞（現在形）のアクセント

　多くの動詞の場合、io から voi までのアクセント（強く読むところ）は後ろから2番目の音節です。loro のときは、後ろから3番目の音節です。

amo, ami, ama, amiamo, amate, amano
prendo, prendi, prende, prendiamo, prendete, prendono
dormo, dormi, dorme, dormiamo, dormite, dormono

　例外として、数は少ないですが、io, tu, lui/lei のときのアクセントが、後ろから3番目の音節に来る動詞もあります。そのような動詞の場合、loro のときのアクセントは、後ろから4番目の音節になります。

abito, abiti, abita, abitiamo, abitate, abitano

　このようなアクセントの動詞でよく使われるものに、telefonare（電話する）や dimenticare（忘れる）、visitare（訪問する）、immaginare（想像する）などがあります。

もやもや 9 –ire 動詞の規則活用

-ire動詞の活用規則が２種類あって迷います。

　-ire動詞には、いわゆる「標準型」と「isc型」と２種類あります。よく使う単語を中心に「isc型」の動詞の活用をおさらいしておきましょう。

キホンのルール

	標準型	isc型
io	**-o** (dormo)	**-isco** (finisco)
tu	**-i** (dormi)	**-isci** (finisci)
lui/lei	**-e** (dorme)	**-isce** (finisce)
noi	**-iamo** (dormiamo)	(finiamo)
voi	**-ite** (dormite)	(finite)
loro	**-ono** (dormono)	**-iscono** (finiscono)

ポイント1：isc型でよく使う動詞

isc型の動詞で、日常生活のなかでよく使うのは以下のものです。まずは、この5つだけ覚えておきましょう。

finire（終わる・終える）、capire（理解する）、pulire（掃除する）
preferire（好む）、spedire（送る）

ポイント2：標準型とisc型の見分け方

標準型かisc型かを不定詞から大まかに見分けることができます。

子音＋子音＋ire → 標準型　dormire, partire, aprire
母音＋子音＋ire → isc型　finire, capire, pulire

＊ただし、いくつか例外もある

ポイント3：isc型の活用

isc型の動詞の場合は、標準型の語尾の前にiscが入った形になります。

capire：× capo → ○ capisco　× capi → ○ capisci

ポイント4：isc型、発音の注意

iscの次に来る文字によって、scの発音が変わります。

-isco（イスコ）-isci（イッシ）-isce（イッシェ）-iscono（イスコノ）

ポイント5：noiとvoiのとき

noiとvoiのときは標準型とまったく同じ形です。-isciamo, -isciteとしないように注意しましょう。

capire：× capisciamo → ○ capiamo　× capiscite → ○ capite

練習問題

[　　]内の動詞を正しく活用させて入れよう。

[pulire, capire, spedire, dormire, offrire, finire, aprire, partire, preferire]

＊複数回使う動詞があります。

❶ Quando (　　　　　) per Roma?
いつ（君は）ローマに出発するの？

❷ Il sabato pomeriggio (　　　　　) la casa.
土曜日の午後（私は）家を掃除します。

❸ Quando (　　　　　) il lavoro?
（あなた方は）いつ仕事を終えますか？

❹ Ti (　　　　　) un caffè.
コーヒーを1杯おごるよ。

❺ (　　　　　) un caffè o un tè?
（君は）コーヒーとお茶、どちらがいい？

❻ I miei genitori non (　　　　　) l'italiano.
私の両親はイタリア語を理解しません。

❼ A che ora (　　　　　) la Pinacoteca di Brera?
ブレラ絵画館は何時に開きますか？

❽ La domenica mattina i miei figli (　　　　　) fino a tardi.
日曜の朝、私の子どもたちは遅くまで寝ます。

❾ (　　　　　) questo vino in Giappone per via aerea.
私たちはこのワインを航空便で日本に送ります。

❿ A che ora (　　　　　) lo spettacolo?
公演は何時に終わりますか？

すっきり

- isc型の動詞：finire, capire, pulire, preferire, spedire
- isc型の活用：-isco, -isci, -isce, -iamo, -ite, -iscono
- noiとvoiのときはiscは入らないことに注意

　isc型の動詞でよく使うものは、活用を何度も口に出して覚えてしまいましょう。

+α　　finire

　finireは、「終える」という意味で使われることもあれば、「終わる」という意味で使われることもあります。

Finisco il lavoro alle 6.　私は6時に仕事を終える。
Il film finisce alle 10.　映画は10時に終わる。

　過去形を作るときは、「〜を終えた」ならavere、「〜が終わった」ならessereをとります。

Ho finito il lavoro alle 6.　私は6時に仕事を終えた。
Il film è finito alle 10.　映画は10時に終わった。

　同様に、cominciareにも「始める」と「始まる」の意味があります。

もやもや 10 piacereの使い方

「私は好き」なのにpiaceは3人称？

mi piace...（私は〜が好き）と言うときに使う動詞piacereは、「好ましい」という意味です。piacereは、「好きなもの」が主語になります。

キホンのルール

私は〜が好き	**mi** piace/piacciono
君は〜が好き	**ti** piace/piacciono
彼は〜が好き	**gli** piace/piacciono
彼女／あなた（敬称）は〜が好き	**le** piace/piacciono
私たちは〜が好き	**ci** piace/piacciono
君たちは〜が好き	**vi** piace/piacciono
彼ら／彼女らは〜が好き	**gli** piace/piacciono

ポイント1 主語は「好きなもの」

「好きなもの」が主語になります。

Mi piace la pizza.
私はピザが好き。
＊文法上の主語は、「私」ではなく「ピザ」

ポイント2 piaceとpiaccionoの使い分け

「好きなもの」が単数形ならpiace、複数形ならpiaccionoを使います。

Mi **piace** la pizza.
私はピザが好き。

Mi **piacciono** gli spaghetti.
私はスパゲッティが好き。

不定詞は単数扱いになります。

Mi **piace** viaggiare.　私は旅するのが好き。

ポイント3 「好んでいる人」は間接目的語で表現

「好んでいる人」が誰なのかは、間接目的語を使って表現します。「～は…にとって好ましい」という構造になります。

Mi piace la pizza.　ピザは私にとって好ましい。→私はピザが好き。

Ti piace l'aereo?　飛行機は君にとって好ましい？→君は飛行機が好き？

「マリアは～が好き」など、名前で言うときは、aで表現します。

A Maria piace la pizza.　マリアはピザが好き。

A Maria piace Roberto.　マリアはロベルトが好き。

ポイント4 過去形

過去形を作るときは、avereではなくessereをとります。過去分詞の語尾は、主語（好きなもの）の性や数によって変わります。

Mi piace il ristorante.→Mi è piaciut**o** il ristorante.（男性単数）
Mi piace la pizza. → Mi è piaciut<u>a</u> la pizza.（女性単数）
Mi piacciono gli spaghetti.
　　　→Mi sono piaciut<u>i</u> gli spaghetti.（男性複数）
Mi piacciono le scarpe.
　　　→Mi sono piaciut<u>e</u> le scarpe.（女性複数）

練習問題

piacereを使って文を完成させよう。

❶ _____ i cani?
彼は犬が好きですか？

❷ _____ le carote.
私はニンジンが好きではありません。

❸ _____ molto la cucina italiana.
私たちはイタリア料理がとても好きです。

❹ _____ cucinare?
君たちは料理するのが好きですか？

❺ _____ la moda italiana.
彼らはイタリアのファッションが好きです。

❻ _____ i romanzi gialli.
彼女たちはミステリー小説が好きです。

❼ _____ i quadri di Raffaello.
彼女はラファエロの絵画が好きです。

❽ _____ tutti i piatti.
彼女はすべての料理が気に入りました。

❾ _____ il ristorante?
君はあのレストランが気に入った？

❿ _____ molto la cena di ieri sera.
私たちは昨晩の夕食がとても気に入りました。

すっきり

日本語の構造に引きずられて、「好んでいる人」を主語にしてしまわないように注意しましょう。
- 「好きなもの」が主語になる
- 主語が単数形ならpiace、複数形ならpiacciono
- 「好んでいる人」は間接目的語（mi, ti, gli, le, ci, vi）で表現
- 過去形を作るときはessereを使い、過去分詞の語尾を主語に合わせる

+α 動詞piacereの活用

piacereという動詞は以下のように活用します。

io	piaccio
tu	piaci
lui/lei	piace
noi	piacciamo
voi	piacete
loro	piacciono

日常的によく使うのは3人称のpiaceとpiaccionoですが、「好きなもの」が「人間」である場合は、1人称や2人称の活用が使われることもあります。

Mi piaci.
私は君のことが好き。

Lei mi piace, ma io non le **piaccio**.
僕は彼女のことが好きだが、彼女は僕のことが好きじゃない。

もやもや 11 近過去

近過去を作るとき、essereかavereかで迷います。

過去形を作るときはHo mangiato un gelato.（私はジェラートを食べた）のようにavereをとることが多いのですが、andareやvenireなどのように、essereをとる動詞もあります。

キホンのルール

- 他動詞（直接目的語を持つ動詞）……すべてavere
  Ho comprato un libro.　本を買った。
- 再帰動詞……すべてessere
  Mi **sono** svegliato tardi.　遅く起きた。
- 自動詞（直接目的語を持たない動詞）……essereをとる動詞とavereをとる動詞がある
  Sono andata in Italia.　イタリアに行った。
  Ho dormito fino a tardi.　遅くまで寝た。

ポイント1　avereをとる動詞

- すべての他動詞はavereをとる
- 一部の自動詞はavereをとる
  dormire, lavorare, parlare, ballare, camminareなど

ポイント2　essereをとる動詞

- すべての再帰動詞はessereをとる

- 多くの自動詞はessereをとる

  「発着往来・状態・変化」を表す自動詞はたいていessereをとります。

  発着往来：andare, venire, partire, arrivare, entrare, uscire, tornare

  状態：stare, rimanere, essere

  状態の変化：diventare, nascere, morire

ポイント3　過去分詞の語尾に注意

essereをとる動詞の場合は、過去分詞の語尾を主語に合わせます。

Francesca è <u>andata</u> a Firenze.（主語が女性単数）
Mauro e Giorgio sono <u>andati</u> a Firenze.（主語が男性複数）
Maria e Anna sono <u>andate</u> a Firenze.（主語が女性複数）
Mauro e Francesca sono <u>andati</u> a Firenze.（主語が男性複数）
＊男女入り交じった複数形の主語の場合は、男性複数となる

ポイント4　不規則な形の過去分詞に注意

動詞のなかには過去分詞が不規則な形のものがいくつかあります。

- avereをとる動詞

  fare (fatto), leggere (letto), scrivere (scritto), bere (bevuto), prendere (preso), chiedere (chiesto), vedere (visto), mettere (messo), dire (detto)

- essereをとる動詞

  nascere (nato), essere (stato), rimanere (rimasto), piacere (piaciuto), venire (venuto), morire (morto)

練習問題

[ ]内の動詞を使って文を完成させよう。

[venire, fare, dormire, bere, mangiare, rimanere, uscire, andare, arrivare, partire]

❶ Che cosa _____ ieri sera?
君（男性）は昨日の晩何を食べた？

❷ A che ora _____ alla stazione?
君たち（女性）は何時に駅に着きましたか？

❸ Sara e Lucia _____ con gli amici.
サラとルチアは友達と出かけました。

❹ _____ una passeggiata in centro.
私たち（男女）は中心地を散歩しました。

❺ _____ da Roma verso le 3.
私（女性）はローマから3時ごろ出発しました。

❻ Perché _____ a scuola ieri?
君（女性）はどうして昨日学校に来なかったの？

❼ _____ a casa tutto il giorno.
私（男性）は一日中家にいました。

❽ _____ bene ieri sera?
君たち（男性）は昨晩よく眠りましたか？

❾ _____ a Napoli l'anno scorso.
私たち（男女）は去年ナポリに行きました。

❿ Antonio e Federico _____ una birra.
アントニオとフェデリコはビールを飲みました。

> **すっきり**
>
> ・他動詞……avere
> ・再帰動詞…essere
> ・自動詞……発着往来・状態・変化に関わるもの→essere
> 　　　　（andare, venire, uscire, tornare, partire, arrivare, stare, diventareなど）
> 　　　　それ以外→avere
> 　　　　（dormire, lavorare, parlare, ballare, camminareなど）
>
> 　他動詞は例外なくavereをとります。自動詞は、essereの場合とavereの場合があります。どちらをとる動詞かわからない場合は、辞書で確認しましょう。見出し語のところにavereなら[av]、essereなら[es]と書いてあります。

+α　essereとavereどちらをとることもある動詞

　aumentare（増える／増やす）やcambiare（変わる／変える）などのように、自動詞として使うこともあれば他動詞として使うこともある動詞の場合、以下のように過去形を作ります。

・自動詞として使っている場合→essere＋過去分詞
　Sei cambiato molto in questi anni.
　ここ数年で君はとても変わった。

・他動詞として使っている場合→avere＋過去分詞
　Ho cambiato la macchina.
　私は車を替えた。

もやもや 12 近過去と半過去

近過去と半過去の違いがわかっていない…と思います。

近過去は過去の行為や出来事を（現在から見て）「完了したもの」として表します。それに対して、半過去は、（過去のある時点から見て）「完了していないもの」として表します。

キホンのルール

- 近過去……（現在から見て）完了した行為や出来事
  Ho lavorato dalle 9 alle 5. 9時から5時まで働いた。
- 半過去……（過去のある時点で）完了していない行為や状態
  Alle 4 lavoravo ancora. 4時にはまだ働いていた。

ポイント1 過去における継続中の行為・状態＝半過去

過去のある時点で継続中の行為や状態を表すときは半過去を使います。

Mentre aspettavo l'autobus, ho incontrato Carlo.
　　　　（半過去）　　　　　　（近過去）
バスを待っていたときカルロに会った。

↓カルロに会った

バスを待っていた

「カルロに会った」は、現在から見て完了した行為なので近過去で表現します。「バスを待っていた」は、「カルロに会った」時点ではまだ続いていた行為なので、半過去で表します。

ポイント2 過去の習慣、繰り返し行われた行為＝半過去

過去の習慣や繰り返し行われた行為を表すときも半過去を使います。

Da giovane studiavo spesso in biblioteca.
若いころはよく図書館で勉強していた。

若いころ
図書館で勉強していた

「図書館で勉強した」のは過去に繰り返し行われた行為なので、半過去で表します。

ポイント3 使い分けの注意点

長期間に渡って繰り返し行われたことであっても、「(ある特定の期間に) 完了した行為」として語る場合は、近過去を使います。

Da giovane ho studiato italiano una volta alla settimana per due anni.
若いころイタリア語を週1回2年間にわたって勉強した。

↓2年間
イタリア語を勉強した

per due anni（2年間）と期間が明確に特定されているので近過去を使います。

練習問題

日本語文を参考に、[　]内の動詞を近過去か半過去にして入れよう。

[leggere, uscire, piovere, venire, andare, pranzare, fare, studiare, stare, essere, avere, arrivare, preparare, telefonare　＊複数回使う動詞があります。]

❶ Giulio non ＿＿＿＿＿ alla festa perché ＿＿＿＿＿ stanco.
ジュリオは疲れていたので、パーティーに来ませんでした。

❷ Quando ＿＿＿＿＿ piccolo ＿＿＿＿＿ spesso dai miei nonni.
子どものころ私はよく祖父母の家で昼食をとっていました。

❸ Anna non ＿＿＿＿＿ perché ＿＿＿＿＿.
雨が降っていたので、アンナは出かけませんでした。

❹ Mentre ＿＿＿＿＿ la cena, mi ＿＿＿＿＿ Lorenzo.
夕食の準備をしていたときにロレンツォから電話がかかってきた。

❺ Yumi ＿＿＿＿＿ in Italia quando ＿＿＿＿＿ 23 anni.
23歳のとき、ユミはイタリアに行きました。

❻ L'estate scorsa Daniela ＿＿＿＿＿ a Kyoto per un mese.
去年の夏、ダニエラは1カ月間京都にいました。

❼ Quando ＿＿＿＿＿ giovani ＿＿＿＿＿ spesso a ballare.
若いころ、私たちはよく踊りに行っていました。

❽ Mentre ＿＿＿＿＿, mia sorella ＿＿＿＿＿ una rivista.
私が勉強している間、妹は雑誌を読んでいました。

❾ Due anni fa ＿＿＿＿＿ un viaggio in Europa.
2年前、私はヨーロッパ旅行をしました。

❿ Quando Marco ＿＿＿＿＿, non c'＿＿＿＿＿ nessuno in aula.
マルコが到着したとき、教室には誰もいませんでした。

すっきり

- 近過去……（現在から見て）完了した行為や出来事
- 半過去……（過去のある時点で）完了していない行為や状態

　半過去は、「そのとき空がきれいだった」とか「そのころ人がたくさんいた」など、過去の状況を描写するときに特によく使います。

　「1月1日から1月3日まで」とか「3カ月間」のように、期間が明確に特定されている場合は、ふつう近過去を使います。

+α　半過去形の活用

　ふつうは以下のように活用します。

-are動詞 ：-avo, -avi, -ava, -avamo, -avate, -avano
-ere動詞 ：-evo, -evi, -eva, -evamo, -evate, -evano
-ire動詞 ：-ivo, -ivi, -iva, -ivamo, -ivate, -ivano

＊アクセントは下線部

　ただし、いくつかの動詞は不規則な活用をするので注意が必要です。

	essere	fare	bere	dire
io	ero	facevo	bevevo	dicevo
tu	eri	facevi	bevevi	dicevi
lui/lei	era	faceva	beveva	diceva
noi	eravamo	facevamo	bevevamo	dicevamo
voi	eravate	facevate	bevevate	dicevate
loro	erano	facevano	bevevano	dicevano

　fare, bere, dire はそれぞれ facere, bevere, dicere を原形と考えると覚えやすいでしょう。

もやもや 13 再帰動詞の近過去

再帰動詞の近過去、見ればわかるけど使えません。

mi sono svegliato や ci siamo divertiti など、再帰動詞の近過去は、見ればどのような意味かはわかるけれど、なかなか自分の口からはさっと出てこないという人が多いかもしれません。再帰動詞の過去形を作るときの注意点を整理しておきましょう。

キホンのルール

現在形……再帰代名詞(mi, ti, si, ci, vi)＋動詞

近過去形……再帰代名詞＋essere＋過去分詞（語尾は主語の性・数に一致）

ポイント1 再帰代名詞

essereの前に再帰代名詞をつけるのを忘れないように注意しましょう。

再帰代名詞（mi, ti, si, ci, vi）の部分は、現在形のときと同じです。
mi sveglio（私は目覚める）→ **mi** sono svegliato/a（私は目覚めた）

	svegliarsi
io	mi sono svegliat**o/a**
tu	ti sei svegliat**o/a**
lui/lei	si è svegliat**o/a**
noi	ci siamo svegliat**i/e**
voi	vi siete svegliat**i/e**
loro	si sono svegliat**i/e**

ポイント2 助動詞は常にessere

再帰動詞の近過去を作るときは、必ずessereをとります。間違えてavereを使わないように注意しましょう。

ポイント3 過去分詞の語尾変化に注意

essereをとる自動詞の過去形を作るときと同様、再帰動詞の近過去でも過去分詞の語尾は主語の性・数に合わせる必要があります。

Giorgio si è svegliato. (男性単数)

Francesca si è svegliata. (女性単数)

Mauro e Giorgio si sono svegliati. (男性複数)

Maria e Anna si sono svegliate. (女性複数)

Mauro e Francesca si sono svegliati. (男性複数)
＊男女入り交じった複数形の主語の場合は、男性複数となる

ポイント4 不規則な形の過去分詞に注意

再帰動詞のなかには過去分詞が不規則な形のものもいくつかあるので注意が必要です。

mettersi (messo)　　vedersi (visto)　　farsi (fatto)

Mi sono messo gli occhiali.　私は眼鏡をかけた。
Ci siamo visti ieri.　私たちは昨日会った。

練習問題

[　]内の動詞を使って文を完成させよう。

[annoiarsi, conoscersi, rilassarsi, addormentarsi, vedersi, svegliarsi, sposarsi, mettersi, divertirsi   ＊複数回使う動詞があります。]

❶ A che ora _____ ?
　君（男性）は何時に目覚めたの？

❷ I miei figli _____ in aereo.
　私の息子たちは飛行機の中で退屈した。

❸ Stamattina _____ molto tardi.
　私たち（男女複数）は今朝とても遅くに目覚めた。

❹ Laura _____ il mese scorso.
　ラウラは先月、結婚しました。

❺ Dove _____ ?
　君たち（男女複数）はどこで知り合ったの？

❻ _____ a Roma?
　君たち（女性複数）はローマで楽しみましたか？

❼ Ieri sera Elisa e Veronica _____ subito.
　昨日の夜、エリーザとヴェロニカはすぐに眠りについた。

❽ _____ le scarpe da tennis.
　私（女性）は、テニスシューズを履いた。

❾ Giulio e Daniela _____ in spiaggia.
　ジュリオとダニエラは浜辺でリラックスした。

❿ Ieri _____ per caso in autobus.
　私たち（女性複数）は昨日、バスの中で偶然会った。

> **すっきり**
>
> 　再帰動詞の近過去形は一見難しそうですが、再帰代名詞（mi, ti, si, ci, vi）とessereの活用さえ覚えていれば簡単に作れます。過去分詞の語尾の一致を忘れないよう注意しましょう。
> ・再帰代名詞＋essere＋過去分詞（語尾は主語の性・数に一致）
> ・再帰代名詞（mi, ti, si, ci, vi）の部分は現在形のときとまったく同じ

＋α　前置詞とセットで覚えたい動詞

　以下の動詞は前置詞とセットで覚えておくと便利です。

- **ricordarsi di ～**（～のことを思い出す・覚えている）

  Ti ricordi di me?
  （君は）私のことを覚えている？

- **dimenticarsi di ～**（～のことを忘れる）

  Mi sono dimenticato dell'appuntamento.
  私は約束を忘れた。

- **accorgersi di ～**（～に気づく）

  Mi sono accorto di aver lasciato la chiave in macchina.
  鍵を車の中に置いてきたことに気がついた。

- **abituarsi a ～**（～に慣れる）

  Mi sono abituato a vivere in città.
  町で暮らすことに慣れた。

- **arrabbiarsi con ～**（～に対して怒る）

  Maria si è arrabbiata con me.
  マリアは私に対して怒った。

もやもや 14 大過去

Il treno era partito. は近過去？ 半過去？

イタリア語にはera partitoのように「essereの半過去活用」と「過去分詞」を組み合わせた時制もあります。「大過去」と呼ばれ、過去のある時点から見て、さらに以前のことを表すのに使われます。

キホンのルール

essere または avere の半過去形＋過去分詞

Il treno era partito quando sono arrivato alla stazione.
私が駅に着いたとき電車はすでに出発してしまっていた。

ポイント1　大過去の作り方

「essereとavereの選択」や「過去分詞の語尾」に関するルールは、「近過去」のときと同じです。

partire		lavorare	
ero	} partito/a	avevo	
eri		avevi	
era		aveva	} lavorato
eravamo	} partiti/e	avevamo	
eravate		avevate	
erano		avevano	

ポイント2 大過去の使い方

「過去のある時点」から見てさらに以前のことを表すのに使います。「すでに」のニュアンスを強調するgiàを入れることもよくあります。

Quando sono arrivato all'aeroporto, Maria era già partita.
私が空港に着いたときマリアはすでに出発してしまっていた。

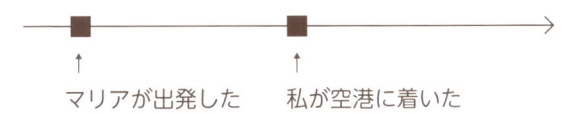

```
────────■──────────■──────────→
        ↑          ↑
   マリアが出発した  私が空港に着いた
```

Anna era molto stanca ieri perché aveva lavorato troppo il giorno prima.
前の日に働きすぎたから、アンナは昨日とても疲れていた。

```
─────■■■■■────~~~~~~~~~~~~~→
   アンナは働きすぎた   アンナは疲れていた
```

練習問題

[　]内の動詞を大過去にして文を完成させよう。

[partire, arrivare, uscire, dormire, bere, finire, cominciare, studiare, tornare]

＊複数回使う動詞があります。

❶ Non ho dormito molto perché ＿＿＿＿＿＿＿＿＿＿ a casa tardi.
　私（女性）は遅くに帰宅したのであまり眠らなかった。

❷ Alle 10 ＿＿＿＿＿＿＿ già ＿＿＿＿＿＿＿ .
　私たち（男女複数）は10時にはすでに出かけてしまってた。

❸ Ero stanco perché non ＿＿＿＿＿＿＿＿＿＿ bene la sera prima.
　前の晩によく眠らなかったので、私は疲れていた。

❹ Paolo non ha passato l'esame perché non ＿＿＿＿＿＿＿＿ molto.
　パオロはあまり勉強しなかったので試験に受からなかった。

❺ ＿＿＿＿＿＿＿ già ＿＿＿＿＿＿＿ in albergo quando Luca vi ha chiamato?
　ルカから電話があったとき、君たち（女性複数）はすでにホテルに着いていた？

❻ Quando sono arrivata alla stazione, ＿＿＿＿＿＿ già ＿＿＿＿＿＿ .
　私が駅に着いたとき、君（女性）はもう出発してしまっていた。

❼ Stavamo male perché ＿＿＿＿＿＿＿＿＿＿ troppo la sera prima.
　前の晩に飲み過ぎたので、私たちは具合が悪かった。

❽ Alle 7 i miei colleghi ＿＿＿＿＿＿＿ già ＿＿＿＿＿＿＿ il lavoro.
　私の同僚（男性複数）は、7時にはすでに仕事を終えていた。

❾ Quando sono tornato a casa, i miei genitori ＿＿＿＿＿＿＿ già ＿＿＿＿＿＿＿ a cenare.
　私が家に帰ってきたとき、両親はすでに夕食を始めていた。

❿ La mia amica ＿＿＿＿＿＿ già ＿＿＿＿＿＿ quando le ho telefonato.
　私が電話したとき、友達はすでに出かけていた。

すっきり

　大過去を使うために新たな活用を覚える必要はありません。「近過去の作り方」と「essere, avereの半過去活用」を覚えていれば、大過去は簡単に作れます。近過去との違いは、essere, avereの部分が半過去活用になることだけです。

・大過去の作り方
　essereまたはavereの半過去活用＋過去分詞
・大過去の使い方
　過去のある時点から見てさらに以前のことを表す

+α　再帰動詞の大過去

　再帰動詞の大過去も、近過去のときと同じようにessereをとります。過去分詞の語尾は主語の性・数に一致させます。

Alle 11 mi ero già addormentata.
11時には私はすでに眠りに落ちていた。

addormentarsi	
mi ero	
ti eri	addormentato/a
si era	
ci eravamo	
vi eravate	addormentati/e
si erano	

もやもや 15 ジェルンディオ

「〜しているところ」と訳すとヘンなのですが…。

sto mangiando（私は今食べているところ）やsto leggendo（私は今読んでいるところ）のように、ジェルンディオは現在進行形の表現としてよく使われますが、ほかにも使い方がいくつかあります。

キホンのルール

ジェルンディオの作り方

-are → -ando　　mangiare → mangiando
-ere → -endo　　leggere → leggendo
-ire → -endo　　dormire → dormendo

不規則活用：fare→facendo, bere→bevendo, dire→dicendo

現在進行形は、「**stareの現在活用（sto, stai, sta, stiamo, state, stanno）＋ジェルンディオ**」で作ります。

Sto mangiando una pizza.　私は今ピザを食べているところです。
Che cosa stai facendo?　君は今何をしているの？

ポイント1 過去進行形のジェルンディオ

「〜しているところだった」という過去における進行中の動作は、半過去でも表現できますが、「(ある瞬間に) 進行中だった」ことを特に強調するときは過去進行形を使います。

過去進行形は、「**stareの半過去活用（stavo, stavi, stava, stavamo, stavate, stavano）＋ジェルンディオ**」で作ります。

Stavo mangiando una pizza. 私はピザを食べているところだった。

Che cosa stavi facendo? 君は何をしていたの？

ポイント2 同時進行を表すジェルンディオ

ジェルンディオは、主節と同時進行の行為や状態を表すのにも使われます。

Faccio i compiti ascoltando la musica.
私は音楽を聞きながら宿題をする。
＊「音楽を聞く」行為が主節の行為（宿題をする）と同時進行

Tornando a casa, ho incontrato un mio amico.
家に帰る途中で、友達に会った。

Girando a destra, troverai una banca.
右に曲がると銀行がある。

文脈によっては、手段や理由などの意味を帯びることもあります。

Ho imparato l'italiano parlando con tanti amici italiani.
多くのイタリア人の友人と話すことによって、私はイタリア語を学んだ。（手段）

Avendo mal di stomaco, Maria è rimasta a casa tutto il giorno.
胃が痛かったので、マリアは一日中家にいた。（理由）

練習問題

[　]内の動詞をジェルンディオにして文を完成させよう。

[andare, parlare, preparare, dormire, ascoltare, studiare, conoscere, fare]　＊複数回使う動詞があります。

❶ _____ la spesa.
私は今買い物をしているところだ。

❷ _____ con Daniela, ho potuto risolvere il problema.
ダニエラと話すことによって、問題を解決することができた。

❸ Sara _____ in biblioteca quando le ho telefonato.
私が電話したときサラは図書館で勉強しているところだった。

❹ _____ a scuola, Carlo ha incontrato un suo amico.
学校に行く途中で、カルロは友達に会った。

❺ _____ la cena quando è arrivato Gianni.
ジャンニが到着したとき私たちは夕食を準備しているところだった。

❻ Non _____ bene la città, ho sbagliato strada.
町のことをよく知らないので、私は道を間違えた。

❼ Cuciniamo sempre _____ la radio.
私たちはいつもラジオを聞きながら料理をする。

❽ I miei bambini _____ .
私の子どもたちは今寝ているところだ。

❾ _____ dritto, troverai una farmacia a sinistra.
まっすぐ行くと、左側に薬局があります。

❿ Di che cosa _____ ?
君たちは今何について話しているの？

すっきり

- stareの現在形活用＋ジェルンディオ……現在進行形
- stareの半過去形活用＋ジェルンディオ……過去進行形
- ジェルンディオのみ……主節と同時進行のことを表す

　ジェルンディオは自分ですぐに使いこなせなくても問題ありません。まずは、聞いたときや読んだときに意味を理解できることが大切です。少しずつ慣れていきましょう。Girando a destra...（右に曲がると…）のように、人に道を教えるときにもよく使われるので、知っていると便利です。

+α　ジェルンディオに関する注意点

・再帰代名詞や目的語代名詞の位置
　ふつうはジェルンディオの後です。

Anna ha sorriso, guardando**mi**.
アンナは私を見つめながら微笑んだ。

　現在進行形や過去進行形のときは、stareの前に置いてもかまいません。

Sto lavando**mi** le mani. = **Mi** sto lavando le mani.
私は今手を洗っているところだ。

・ジェルンディオの過去形
　「avendo/essendo＋過去分詞」は、主節より前に起きたことを表します。

<u>Avendo studiato</u> tanto, ho finalmente passato l'esame.
たくさん勉強したので、ついに試験に合格した。

もやもや 16 受動態

近過去の essere ＋過去分詞と どう違うのですか？

「essere＋過去分詞」という構造は近過去形と同じに見えますが、大きな違いがあります。受動態（受け身）の文の場合、essereの後に続くのは他動詞（目的語をとる動詞）なのに対し、近過去形の場合、essereに続くのは自動詞か再帰動詞です。

キホンのルール

・受動態の作り方

essereの活用形 ＋ 過去分詞 ＋ da 〜

Mario è amato da Lucia.
マリオはルチアに愛されている。

ポイント 1 daで動作主を表す

da ...で、動作主を示すことができます。

Questo dizionario è usato **da** tanti studenti.
この辞書は多くの学生によって使われている。

daの後に定冠詞が来る場合は、daと結合させます。

Questo parco è amato **dai** bambini.
この公園は子どもに愛されている。

da ...は省略されることもあります。

Questo libro è amato in tutto il mondo.
この本は世界中で愛されている。

ポイント2 過去分詞の語尾

過去分詞の語尾は文法上の主語と一致させます。

Lucia è amat**a** da Mario.
ルチアはマリオに愛されている。
＊文法上の主語（ルチア）が女性単数

I bambini sono amat**i** da Lucia.
子どもたちはルチアに愛されている。
＊文法上の主語（子どもたち）が男性複数

ポイント3 時制

essereの部分の時制を変えるだけで、さまざまな時制の受動態文を作ることができます。

近過去

io	sono stato/a
tu	sei stato/a
lui/lei	è stato/a
noi	siamo stati/e
voi	siete stati/e
loro	sono stati/e

未来

io	sarò
tu	sarai
lui/lei	sarà
noi	saremo
voi	sarete
loro	saranno

Questo palazzo è stato costruito nel 1870.
この建物は1870年に建てられた。

Questo palazzo sarà restaurato l'anno prossimo.
この建物は来年修復される。

ポイント4 補助動詞

dovere, potere, volereなどの補助動詞を伴うと次のようになります。

補助動詞の活用形 ＋ essere（活用しない） ＋ 過去分詞 ＋ da～.

Le regole devono essere rispettate da tutti.
ルールは皆に尊重されなければいけない。

練習問題

時制に注意しながら、[　]内の動詞を受動態にして文を完成させよう。

❶ Questo corso _____ tanti studenti stranieri?
　この授業は多くの留学生によって受講されていますか？　　　　[frequentare]

❷ Ieri _____ a cena _____ Mario.
　昨日私（女性）はマリオから夕食に招待された。　　　　　　　[invitare]

❸ Il nuovo romanzo di Silvia _____ fra un mese.
　シルヴィアの新しい小説は１カ月後に出版される。　　　　　　[pubblicare]

❹ Durante il viaggio _____ molte persone.
　旅の間、私たち（女性複数）は多くの人々に助けられた。　　　[aiutare]

❺ Questo formaggio _____ entro un mese.
　このチーズは１カ月以内に食されなければいけない。　　[dovere, mangiare]

❻ Il concerto _____ due giorni fa.
　コンサートは２日前にキャンセルされた。　　　　　　　　　　[annullare]

❼ Le merci _____ fra 3 giorni.
　商品は３日後に発送されます。　　　　　　　　　　　　　　　[spedire]

❽ I nostri biglietti non _____ .
　私たちの切符は払い戻しされなかった。　　　　　　　　　　　[rimborsare]

❾ Questa rivista _____ tanti giovani.
　この雑誌は多くの若者に読まれている。　　　　　　　　　　　[leggere]

❿ Questi quadri _____ un anno fa.
　これらの絵画は１年前に修復された。　　　　　　　　　　　　[restaurare]

すっきり

- 受動態の作り方：essereの活用形＋過去分詞＋da〜
- 過去分詞の語尾は「文法上の主語（行為の担い手ではなく受け手）」の性・数に合わせる

+α　その他の受動態

・siを使う受動態
　siを使って受動態の文章を作ることもできます。
si＋動詞（3人称単数活用）＋主語（単数名詞）
si＋動詞（3人称複数活用）＋主語（複数名詞）

Anche in Italia **si mangia** il pesce crudo?
イタリアでも生魚は食べられていますか？（「生魚」が文法上の主語）
In questo negozio **si vendono** anche scarpe.
この店では靴も売られています。（「靴」が文法上の主語）

　siを使う場合「一般的に〜される」という意味になるので、動作主(da〜)は示されません。
　siを使う受動態で主語にできるのは3人称の名詞だけです。1人称（私・私たち）や2人称（君・君たち）は主語にできません。

・venireを使う受動態
　「venireの活用形＋過去分詞」でも受動態の文章を作ることができます。過去分詞は文法上の主語の性と数に一致させます。
La colazione **viene servita** qui. 朝食はここで出されます。
＊「venire＋過去分詞」の場合、近過去形は存在しない

もやもや17 未来形

現在のことに未来形を使っているのはなぜ？

未来形は、遠い未来のことを話すときによく使われますが、現在のことについての推測を表すときに使われることもあります。

キホンのルール

未来形の活用規則

	-are, -ere動詞	-ire動詞
io	-erò	-irò
tu	-erai	-irai
lui/lei	-erà	-irà
noi	-eremo	-iremo
voi	-erete	-irete
loro	-eranno	-iranno

不規則活用

	essere	avere
io	sarò	avrò
tu	sarai	avrai
lui/lei	sarà	avrà
noi	saremo	avremo
voi	sarete	avrete
loro	saranno	avranno

＊アクセントはすべてrの直後

ポイント1　未来のことを表す

イタリア語では、未来のことを話すときに、現在形と未来形のどちらを使ってもかまいません。

Fra due mesi <u>vado</u> a Roma.
　　　　　　現在形
Fra due mesi <u>andrò</u> a Roma.
　　　　　　未来形

一般的に日常会話では、未来のことを話すときでも現在形がよく使われますが、1年後や5年後など遠い未来について話すときには未来形がよく使われます。

ポイント2 現在のことを推測する

現在のことを推測するのに未来形を使うことがあります。

Dove è Carla? – Non lo so. Sarà ancora a scuola.
「カルラはどこ？」「知らない。たぶんまだ学校だろう」
＊ Sarà ancora a scuola. は Forse è ancora a scuola. と同じ意味

ポイント3 前未来

「avere/essereの未来形」と「過去分詞」を組み合わせた時制も存在します。「前未来」と呼ばれ、「essereとavereの選択」や「過去分詞の語尾の一致」に関するルールは近過去と同じです。

前未来には主に2つの用法があります。

①未来のある時点より前に完了しているであろう出来事を表す

Alle 7 di domani sarò già partito per l'aeroporto.
明日の7時にはすでに空港に向かって出発してしまっているだろう。

Quando arriveremo a casa, Maria avrà finito i compiti.
私たちが家に着くころには、マリアは宿題を終えているだろう。

②過去のことについての推測を表す

Stamattina Barbara non è venuta a lezione. Avrà bevuto troppo ieri sera.
今朝バルバラは授業に来なかった。たぶん昨日の夜、飲み過ぎたのだろう。
＊ Avrà bevuto troppo. は Forse ha bevuto troppo. と同じ意味

練習問題

[　]内の動詞を使って文を完成させよう。

[diventare, viaggiare, passare, tornare, essere, avere, finire, litigare, partire]

＊複数回使われる動詞があります。

❶ Quando _____ per Parigi?
君はいつパリに出発する予定？

❷ Che ore sono? – _____ le otto.
「今何時？」「たぶん8時だと思う」

❸ Quando arriveremo, Luigi _____ già _____ il lavoro.
私たちが到着するころ、ルイジはすでに仕事を終えているだろう。

❹ Paola dorme ancora. _____ tardi ieri sera.
パオラはまだ眠っている。きっと昨日の夜遅く帰ってきたのだろう。

❺ Fra 5 anni Federico _____ un avvocato.
5年後にフェデリコは弁護士になるだろう。

❻ Alle otto _____ già _____ in albergo.
8時には私たち（男女複数）はすでにホテルに帰ってきているだろう。

❼ Dove _____ le vacanze quest'estate?
今年の夏、君たちはどこで休暇を過ごす予定？

❽ Riccardo è di cattivo umore. _____ con la moglie.
リカルドは機嫌が悪い。たぶん奥さんと喧嘩したのだろう。

❾ Quel signore _____ più di 70 anni.
あの男性はたぶん70歳以上だろう。

❿ _____ molto quest'anno.
私たちは今年たくさん旅をするつもりだ。

すっきり

- 未来形の用法
  未来のことを表す
  現在のことについての推測を表す
- 前未来の作り方
  essere/avereの未来形＋過去分詞

+α　未来形の不規則活用

未来形にも不規則活用がありますが、-r以下の語尾部分（rò, rai, rà, remo, rete, ranno）は規則活用とすべて同じです。essereやavereの活用に加え、まずは以下の３つを覚えておきましょう。

	andare	venire	fare
io	andrò (×anderò)	verrò (×venirò)	farò (×ferò)
tu	andrai	verrai	farai
lui/lei	andrà	verrà	farà
noi	andremo	verremo	faremo
voi	andrete	verrete	farete
loro	andranno	verranno	faranno

- andareと似た変化のもの：vedere, potere, dovere
  vedere→(io) vedrò　potere→(io) potrò　dovere→(io) dovrò
- venireと似た変化のもの：volere, rimanere
  volere→(io) vorrò　rimanere→(io) rimarrò
- fareと似た変化のもの：dare, stare
  dare→(io) darò　stare→(io) starò

もやもや 18 条件法

vorreiとvoglioの違いは何ですか？

どちらも「私は～が欲しい／～したい」という意味ですが、vorreiの方がやわらかな言い方です。直説法のvoglioがストレートに欲求・願望を表すのに対して、条件法のvorreiの方は「できれば～が欲しい／～したい」という感じの表現になります。

キホンのルール

条件法の活用

	-are, -ere動詞	-ire動詞
io	-erei	-irei
tu	-eresti	-iresti
lui/lei	-erebbe	-irebbe
noi	-eremmo	-iremmo
voi	-ereste	-ireste
loro	-erebbero	-irebbero

＊アクセントはすべてrの直後

ポイント1　条件法の活用

条件法の活用は未来形とよく似ています。比べてみるとわかるように、「未来形」との違いは「rの後の部分」だけなのです。

規則活用の例

直説法未来形	条件法現在形
metter**ò**	metter**ei**
metter**ai**	metter**esti**
metter**à**	metter**ebbe**
metter**emo**	metter**emmo**
metter**ete**	metter**este**
metter**anno**	metter**ebbero**

不規則活用の例

直説法未来形	条件法現在形
andr**ò**	andr**ei**
andr**ai**	andr**esti**
andr**à**	andr**ebbe**
andr**emo**	andr**emmo**
andr**ete**	andr**este**
andr**anno**	andr**ebbero**

　不規則動詞の場合も、「rまでの部分」は未来形と同じです。主語がioのときの形をいくつか比べてみましょう。

volere→vorr**ò**（未）/ vorr**ei**（条）　potere→potr**ò**（未）/ potr**ei**（条）
dovere→dovr**ò**（未）/ dovr**ei**（条）　fare→far**ò**（未）/ far**ei**（条）

　「rの後の部分」は、規則動詞も不規則動詞も以下の通りです。
-ei, -esti, -ebbe, -emmo, -este, -ebbero

ポイント2　条件法の用法

　何らかの条件のもとで起こりうることを表すときに使います。

Con un milione di euro, che cosa compreresti?
もし百万ユーロあったら、君は何を買う？

　語調を和らげるために使われることもあります。「できれば〜したい」「できれば〜してほしい」など、婉曲的なニュアンスが加わります。

Vorrei un tè nero. 紅茶が欲しいのですが。（voglioより丁寧）
Potresti pulire la cucina? 台所の掃除をしてもらえる？（puoiより丁寧）
Dovresti andare in ospedale. 病院に行った方がいいよ。（deviより丁寧）

練習問題

[　]内の動詞を条件法にして文を完成させよう。

dovere, partire, mettersi, comprare, potere, fare, volere

＊複数回使う動詞があります。

❶ (　　　　　) prenotare un tavolo per due persone per domani sera.
明日の晩、2人で予約したいのですが。(ioを主語に)

❷ Con un milione di euro, (　　　　　) una grande casa.
百万ユーロあったら、私は大きな家を買うだろう。

❸ (　　　　　) prestarmi la penna?
ペンを貸してもらえる？(tuを主語に)

❹ (　　　　　) andare alla festa, ma siamo occupati quella sera.
私たちはパーティーへ行きたいけれど、その晩は用事がある。

❺ Quale vestito (　　　　　) per andare alla festa di matrimonio?
(君だったら) 結婚式にはどの服を着ていく？

❻ Io (　　　　　) questo abito celeste.
(私だったら) この水色のドレスを着るだろう。

❼ Al posto mio che cosa (　　　　　)?
私の立場だったら、君は何をする？

❽ Al posto tuo, (　　　　　) subito per Milano.
君の立場だったら、すぐにミラノへ出発するだろう。

❾ (　　　　　) farci una foto?
私たちの写真を撮っていただけますか？(Leiを主語に)

❿ (　　　　　) andare a letto presto stasera.
今晩は早く寝た方がいいよ。(tuを主語に)

すっきり

直説法未来形の語尾	-rò	-rai	-rà	-remo	-rete	-ranno
条件法現在形の語尾	-rei	-resti	-rebbe	-remmo	-reste	-rebbero

- 「rまでの部分」は未来形とまったく同じ
- 「rの後の部分」は、どの動詞でも -ei, -esti, -ebbe, -emmo, -este, -ebbero

　直説法現在（ふつうの現在形）は主に事実をストレートに述べるときに使われるのに対して、条件法現在は何らかの条件のもとでの可能性を表すときや、柔らかい語調で婉曲的に何かを言いたいときなどに使われます。

+α 条件法の不規則活用動詞

　「rまでの部分」は、未来形とまったく同じなので、未来形の活用を思い出すと覚えやすいでしょう。

avere → avrò（未）/ avrei（条）　essere → sarò（未）/ sarei（条）

　potere, volere, dovere の３つは特に条件法が使われることが多いので、まずはこの３つの活用を覚えておくと便利です。

	potere	volere	dovere
io	potrei	vorrei	dovrei
tu	potresti	vorresti	dovresti
lui/lei	potrebbe	vorrebbe	dovrebbe
noi	potremmo	vorremmo	dovremmo
voi	potreste	vorreste	dovreste
loro	potrebbero	vorrebbero	dovrebbero

もやもや 19 接続法

接続法って、いつ使うのでしたっけ？

接続法にはさまざまな用法がありますが、主に不確実な事柄を主観的に述べるときに使われます。「～だと思う」「～であることを願っている」などのように、意見や願望などを述べるときによく使われます。

キホンのルール

接続法の活用

	-are動詞 (arrivare)	-ere動詞 (prendere)	-ire動詞 [標準型] (partire)	-ire動詞 [isc型] (finire)
io, tu, lui/lei	-i (arrivi)	-a (prenda)	-a (parta)	-isca (finisca)
noi	-iamo (arriviamo)	-iamo (prendiamo)	-iamo (partiamo)	-iamo (finiamo)
voi	-iate (arriviate)	-iate (prendiate)	-iate (partiate)	-iate (finiate)
loro	-ino (arrivino)	-ano (prendano)	-ano (partano)	-iscano (finiscano)

ポイント 1 io, tu, lui/lei の活用は同じ

-are動詞 → -i

-ere動詞と-ire動詞（標準型）→ -a

-ire動詞（-isc型）→ -isca

ポイント2 主語がloroのときは単数形＋-no

io, tu, luiのときの形に-noがつくだけです。
-are動詞 → -ino
-ere動詞と-ire動詞（標準型）→ -ano
-ire動詞（isc型）→ -iscano

ポイント3 主語がnoiやvoiのとき

主語がnoi → すべて-iamo（直説法現在形と同じ）
主語がvoi → すべて-iate

ポイント4 avereとessereは不規則活用

avere: (io, tu, lui) abbia, (noi) abbiamo, (voi) abbiate, (loro) abbiano
essere: (io, tu, lui) sia, (noi) siamo, (voi) siate, (loro) siano

ポイント5 接続法の使い方

主に不確実なことを主観的に述べるときに使います。特にpensare che 〜（〜と思う）、sperare che 〜（〜と願う）などcheを用いて意見や願望を述べるときによく使います。

Penso che Tina torni tardi stasera.
今日ティーナは遅く帰ってくると思う。

Spero che Sara finisca presto il lavoro.
サラが仕事を早く終えることを願う。
＊pensareやsperareではなく、cheの後に続く動詞に接続法を使う

ほかにも、以下のような表現の後には、ふつう接続法を用います。
immaginare che（〜と思う・想像する）、temere che（〜と思う・心配する）、credere che（〜と思う・信じている）

練習問題

[　]内の動詞を接続法にして文を完成させよう。
[essere, arrivare, finire, prendere, avere, partire *複数回使う動詞があります。]

❶ Spero che il treno _____ in orario.
電車が時間通りに到着することを（私は）願っている。

❷ Speriamo che il negozio _____ aperto.
あのお店が開いていることを願おう。

❸ Pensi che Laura e Mario _____ questo fine settimana?
ラウラとマリオは今週末に出発すると（君は）思う?

❹ Penso che Barbara _____ il treno regionale.
バルバラはローカル電車に乗ると（私は）思う。

❺ Temo che Lucia e Sara non _____ il lavoro entro oggi.
ルチアとサラは今日中には仕事を終えないだろうと（私は）思う。

❻ Immagino che voi _____ stanchi.
君たちは疲れているだろうと（私は）思う。

❼ Credete che Roberto _____ veramente una Ferrari?
ロベルトが本当にフェラーリを持っていると（君たちは）思う?

❽ Giorgio crede che i suoi genitori _____ troppo severi.
ジョルジョは自分の両親が厳しすぎると思っている。

❾ Penso che i miei amici _____ verso le 7.
私の友達は7時ごろに到着すると（私は）思う。

❿ Pensi che Anna _____ il lavoro oggi?
アンナは今日仕事を終えると（君は）思う?

すっきり

	-are動詞	-ere動詞 -ire動詞	-ire動詞 (isc型)
io, tu, lui/lei	-i	-a	-isca
noi	-iamo		
voi	-iate		
loro	-ino	-ano	-iscano

「直説法現在」は主に事実をストレートに述べるときに使われるのに対して、「接続法現在」は何かを主観的に述べるときに使われます。
So che Maria abita con una sua amica.（知っている「事実」なので直説法）
Penso che Maria abiti con una sua amica.（主観的な「意見」なので接続法）
　接続法はすぐに使いこなせなくても問題ありません。まずは聞いたときや読んだときに意味を理解できれば十分です。慣れてきたら自分で話すときにも使ってみましょう。

+α　意見や気持ちを表すときのさまざまな表現

・pensare di ..., sperare di ..., credere di ...
　主語が同じ場合は、ふつう「che＋接続法」でなく、「di＋不定詞」で表現します。
Penso di andare in Italia a luglio. 7月にイタリアに行くと思う。
（pensareの主語もandareの主語も「私」）

・secondo me（私の考えでは）、secondo te（君の考えでは）
　この表現を使う場合、後に続く内容は直説法で表します。
Secondo me, Maria abita con una sua amica.

もやもや 20 命令法

scusaとscusiはどう違うのですか？

scusaは友達など親しい間柄の相手に「ごめん」、scusiは改まった間柄の相手に「すみません」「ごめんなさい」と言いたいときに使います。どちらも同じscusare（許す）の命令形です。謝る相手が複数のときは、scusateになります。

キホンのルール

	-are動詞 (scusare)	-ere動詞 (chiudere)	-ire動詞 [標準型] (sentire)	-ire動詞 [isc型] (finire)
tu	-a (scusa)	-i (chiudi)	-i (senti)	-isci (finisci)
Lei	-i (scusi)	-a (chiuda)	-a (senta)	-isca (finisca)

ポイント1　親しい間柄の人（tuで話す相手）に対して

-are動詞　　　　　　　　　　　→　-a　　　　scusa
-ere動詞とire動詞（標準型）　→　-i　　　　chiudi, senti
-ire動詞（isc型）　　　　　　　→　-isci　　finisci

-are動詞以外は、直説法現在形（ふつうの現在形）とまったく同じ形です。

ポイント2 改まった間柄の人（Leiで話す相手）に対して

どれも接続法の活用とまったく同じ形です。

-are動詞 → -i scusi
-ere動詞と-ire動詞（標準型）→ -a chiuda, senta
-ire動詞（-isc型） → -isca finisca

ポイント3 noi（私たち）とvoi（君たち）

主語がnoiやvoiのときは、直説法現在形（ふつうの現在形）とまったく同じ活用ですので、新たな活用を覚える必要はありません。

＊主語がnoiのときは、「一緒に〜しよう」という勧誘の意味になる
＊話している相手が複数の場合は、親しい間柄かどうかを問わず、普通はvoiを使う（特に改まったフォーマルな場面では、「あなたがた」の意味でloroが使われることもある。loroの活用は接続法のときとまったく同じで、Leiのときの形にnoをつけるだけ）

ポイント4 代名詞の位置

3人称（Lei）が主語の場合：動詞の前に置く　　Mi scusi.
それ以外（tu, noi, voi）：動詞の後に置き、結合させる　Scusami.

ポイント5 不規則活用

	avere	essere	fare	dire	andare	venire
tu	abbi	sii	fai / fa'	di'	vai / va'	vieni
Lei	abbia	sia	faccia	dica	vada	venga

avereとessereはvoiのときの活用も直説法現在形と異なります。
avere → (voi) abbiate　　essere → (voi) siate

練習問題

[　]内の動詞を命令法にして文を完成させよう。
[chiudere, riposarsi, chiamare, girare　　＊複数回使う動詞があります。]

❶ _____ a sinistra!
左に曲がって。(tuを主語に)

❷ _____ a sinistra!
左に曲がってください。(Leiを主語に)

❸ _____ a sinistra!
左に曲がってください。(voiを主語に)

❹ _____ la porta, per favore!
ドアを閉めて。(tuを主語に)

❺ _____ la porta, per favore!
ドアを閉めてください。(Leiを主語に)

❻ _____ la porta, per favore!
ドアを閉めてください。(voiを主語に)

❼ _____ se hai problemi!
問題があったら、私に電話して。(tuを主語に)

❽ _____ se ha problemi!
問題があったら、私に電話してください。(Leiを主語に)

❾ _____ se avete problemi!
問題があったら、私に電話してください。(voiを主語に)

❿ _____ un po'!
少し休みましょう。(noiを主語に)

すっきり

	-are動詞	-ere動詞 -ire動詞	-ire動詞 （isc型）
tu	-a	-i	-isci
Lei（敬称）	-i	-a	-isca

- noiとvoiの活用は、直説法現在形と同じ
- 命令法は、友達などの親しい間柄の相手に対してよく使われる。per favoreをつけることもよくある

　親しくない間柄の相手に対して命令法はあまり使われませんが、道を教えるときや何かを指導するときなどにはよく使われます。また、「scusi」や「senta」なども、決まった表現として頻繁に使われます。

+α　否定命令

　「～するな」「～しないでください」のように、否定の形で命令するときは、以下のようになります。
主語がtuの場合：non＋不定詞　　Non chiudere la porta!
それ以外：non＋命令法の活用　　Non chiuda la porta!

　代名詞の位置は、以下の通りです。
・3人称（Lei）が主語の場合：動詞の前に置く
Non si preoccupi!
・それ以外（tu, noi, voi）：前でも後でもよい
Non vi preoccupate!　＝ Non preoccupatevi!（どちらも可）
Non ti preoccupare!　＝ Non preoccuparti!（どちらも可）

第3部

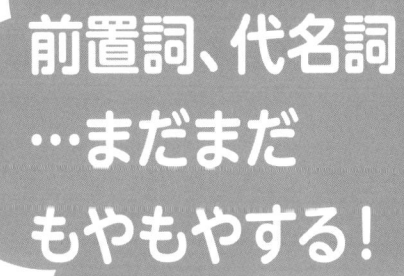

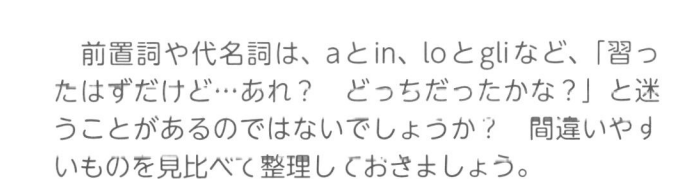

前置詞、代名詞…まだまだもやもやする！

　　前置詞や代名詞は、aとin、loとgliなど、「習ったはずだけど…あれ？　どっちだったかな？」と迷うことがあるのではないでしょうか？　間違いやすいものを見比べて整理しておきましょう。

もやもや 21 前置詞

いろいろあって、どれを使えばいいか迷います。

イタリア語のinの使い方は、英語のinとは異なるところが多いので、間違えないように気をつけましょう。「ローマに住む」はAbito in Roma.ではなく、Abito a Roma.になります。

キホンのルール

・使い分けが比較的簡単な前置詞
  ～の：di ～
  ～から：da ～
  ～と：con ～
  ～のために：per ～

ポイント1　間違えやすいaとinの使い分け（町・国・州）

「～に・で・へ」のように場所を表すときは、aとinの使い分けに注意する必要があります。

町の名前：a　　Vado a Firenze.　フィレンツェへ行く。
国の名前：in　 Vado in Italia.　イタリアへ行く。
州の名前：in　 Vado in Toscana.　トスカーナ州へ行く。

ポイント2 間違えやすい a と in の使い分け（その他の場所）

　その他の場所は、だいたい3パターンのどれかです。あまり規則性がないので、単語ごとに少しずつ覚えていきましょう。

① a を使う

a scuola, a teatro, a casa

② in を使う

in libreria, in biblioteca, in ufficio, in montagna, in centro, in periferia

③ a + 定冠詞を使う

al mercato, al cinema, al bar, al mare, alla stazione

ポイント3 その他の前置詞

di	所有：〜の	Questo libro è **di** Giorgio. この本はジョルジョのだ。
	出身：〜出身の	Sono **di** Tokyo. 私は東京出身だ。
con	誰と：〜と一緒に	Esco **con** Anna. アンナと一緒に出かける。
	手段：〜を使って	Vado a Milano **con** il treno. 電車でミラノへ行く。
in	場所：〜（の中）に／で	Abito **in** Italia. イタリアに住んでいる。
	方向：〜（の中）へ	Vado **in** Italia. イタリアへ行く。
a	場所：〜に／で	Abito **a** Roma. ローマに住んでいる。
	方向：〜へ	Vado **a** Venezia. ベネチアへ行く。
	時間：〜に	Ci vediamo **a** mezzogiorno. 正午に会おう。
	間接目的語：〜に	Telefono **a** Mario. マリオに電話する。
da	起点：〜から	Lavoro qui **da** un anno. 1年前からここで働いている。
	場所：〜のところで	Ci vediamo **da** Sara. サラの家で会おう。
	方向：〜のところへ	Vado **dai** nonni. 祖父母の家へ行く。
	目的・用途：〜のための	Vorrei qualcosa **da** bere. 何か飲み物が欲しい。
per	目的：〜のため	Vado a Roma **per** lavoro. 仕事でローマへ行く。
	方向：〜へ	Domani parto **per** Roma. 明日ローマへ出発する。
	時間：〜間	Ho studiato **per** due ore. 2時間勉強した。

練習問題

（　）に適切な前置詞を入れよう。

❶ Domani vado (　　　) Roma (　　　) il treno.
　明日は電車でローマに行きます。

❷ Io sono (　　　) Kyoto.
　私は京都出身です。

❸ (　　　) che ora chiude il negozio?
　何時にお店は閉まりますか？

❹ Il fine settimana scorso sono andata (　　　) montagna.
　先週末は、山に行きました。

❺ Studio italiano (　　　) un anno.
　１年前からイタリア語を勉強しています。

❻ (　　　) che binario parte il treno (　　　) Roma?
　ローマ行きの電車はどのホームから出発しますか？

❼ Sei mai stato (　　　) Giappone?
　日本に行ったことはありますか？

❽ Posso pagare (　　　) la carta di credito?
　クレジットカードで払ってもいいですか？

❾ Il mese prossimo vado (　　　) un mio amico (　　　) Sicilia.
　来月シチリアに住んでいる友達のところに行きます。

❿ Studio italiano (　　　) lavoro.
　仕事のためにイタリア語を勉強しています。

すっきり

イタリア語の前置詞は日本語の助詞と一対一では対応していないので、注意が必要です。それぞれの前置詞に含まれるすべての意味を無理に日本語で覚える必要はありません。さまざまなイタリア語のフレーズを通して、前置詞の感覚をつかんでいきましょう。

+α 交通手段

「電車で行く」や「バスで行く」などと、交通手段を表すときは、基本的に、conを使ってもinを使ってもかまいません。

conを使う場合は定冠詞をつけますが、inを使う場合は定冠詞をつけません。

電車で	con il treno	in treno
バスで	con l'autobus	in autobus
車で	con la macchina	in macchina
飛行機で	con l'aereo	in aereo
船で	con la nave	in nave
自転車で	con la bicicletta	in bicicletta

もやもや22 前置詞と動詞

aと di どちらをとる動詞か迷います。

「〜し始める」は cominciare a 〜ですが、「〜し終える」は finire di 〜です。「動詞＋前置詞＋不定詞」の組み合わせでよく使うものを整理しておきましょう。

キホンのルール

- 〜し始める、〜し続ける……a
  cominciare **a** 不定詞（〜し始める）
  iniziare **a** 不定詞（〜し始める）
  mettersi **a** 不定詞（〜し始める）
  continuare **a** 不定詞（〜し続ける）
- 〜し終える、〜するのをやめる……di
  finire **di** 不定詞（〜し終える）
  smettere **di** 不定詞（〜するのをやめる）

ポイント1 前置詞 a をとるもの

「始める」や「継続する」などは、だいたいaをとります。

Comincio **a** studiare alle 10.
私は10時に勉強し始める。

Ho continuato **a** parlare.
私は話し続けた。

ほかにも以下の動詞はaをとります。
andare a 〜　（〜しに行く）
provare a 〜　（〜してみる）
riuscire a 〜　（〜するのに成功する）
imparare a 〜　（〜することを学ぶ）
rinunciare a 〜　（〜することをあきらめる）
aiutare 人 a 〜　（人が〜するのを手伝う）
invitare 人 a 〜　（人が〜するよう促す）

ポイント2　前置詞diをとるもの

「終える」や「中断する」などは、だいたいdiをとります。

Finisco **di** lavorare alle 8.
私は8時に働き終える。

Ho smesso **di** fumare.
私は煙草を吸うのをやめた。

ほかにも以下の動詞はdiをとります。
cercare di 〜　（〜しようとする）
tentare di 〜　（〜することを試みる）
decidere di 〜　（〜することを決める）
pensare di 〜　（〜することを考える）
dimenticare di 〜　（〜することを忘れる）
accettare di 〜　（〜することを引き受ける）
sperare di 〜　（〜することを願う）
chiedere a 人 di 〜　（人に〜するようお願いする）

練習問題

( ) に a か di を入れよう。

❶ Mario ha finito (　　) cucinare alle 8.
マリオは8時に料理を終えた。

❷ Roberto mi ha chiesto (　　) comprare il biglietto.
ロベルトは私に切符を買うよう頼んだ。

❸ Oggi abbiamo cominciato (　　) lavorare un po' tardi.
今日、私たちは少し遅くに働き始めた。

❹ Spero (　　) rivedervi presto.
早く君たちに再会することを願っています。

❺ Non riesco (　　) dormire bene.
よく眠ることができない。

❻ Vorrei continuare (　　) studiare italiano anche l'anno prossimo.
来年もイタリア語を勉強し続けたい。

❼ Che cosa pensi (　　) fare questo fine settimana?
今週末は何をしようと思っているの？

❽ Grazie per avermi aiutato (　　) scrivere la lettera.
手紙を書くのを手伝ってくれてありがとう。

❾ Ho deciso (　　) studiare a Milano.
私はミラノで勉強することを決めました。

❿ Mio marito ha provato (　　) smettere (　　) fumare tante volte.
私の夫は禁煙を何度も試みた。

すっきり

- 「〜し始める」や「〜し続ける」……a
- 「〜し終える」や「〜するのをやめる」……di

「動詞＋前置詞＋不定詞」の組み合わせは、diをとるものが多いですが、aをとるものもあるので、出てきたらその都度覚えていきましょう。

+α　da＋不定詞

「da＋不定詞」の組み合わせは、「〜するための／〜すべき」という意味でよく使われます。

Ho tante cose **da fare** oggi.
私は今日すべきことがたくさんある。

Vuoi qualcosa **da bere**?
(君は) 何か飲み物が欲しい？

「〜するほどの」という意味で、「da＋不定詞」が使われることもあります。

Ho fame **da morire**.
私は死ぬほどおなかが空いている。

Fa un caldo **da impazzire**.
気が狂うほど暑い。

もやもや 23　形容詞の位置

あれー、名詞の前にも形容詞がある…。

名詞を修飾するふつうの形容詞は、基本的には名詞の後に置かれます。ただし、名詞の前に置かれることの多い形容詞もいくつかあります。

キホンのルール

ふつうは、「名詞 + 形容詞」の順。

un ragazzo intelligente　頭のいい男の子
un ristorante costoso　値段の高いレストラン

ポイント 1　名詞の前に置かれることの多い形容詞

日常会話でよく使う短い形容詞は、名詞の前に置かれることがあります。以下の形容詞は、特によく名詞の前に置かれます。

buono, bello, brutto, grande, piccolo, vecchio, nuovo, vero, bravo

un buon gelato　おいしいジェラート
una piccola casa　小さな家

これらを「名詞 + 形容詞」の順で言っても間違いにはなりません。その場合は、形容詞の意味が強調されます。

un gelato buono
＊「おいしい」ことが強調される
una casa piccola
＊「小さい」ことが強調される

ポイント2 buonoとbelloの語尾変化

belloとbuonoは名詞の前に置かれると通常の形容詞とは異なる語尾変化をするので、注意が必要です。

buonoの語尾変化は不定冠詞と似ています。
男性単数：buon ＊s＋子音字やz始まりの場合はbuono
女性単数：buona ＊母音始まりの場合はbuon'も可
複数形は通常の形容詞の語尾変化と同じ（buoni, buone）

belloの語尾変化は定冠詞や指示形容詞quelloと似ています。
男性単数：bel ＊s＋子音字やz始まりはbello、母音始まりはbell'
女性単数：bella ＊母音始まりの場合はbell'も可
男性複数：bei ＊s＋子音字やz始まり、母音始まりならbegli
女性複数：belle

ポイント3 副詞を使う場合

molto（とても）、un po'（少し）など副詞を使う場合、形容詞は必ず名詞の後に置きます。

una casa molto piccola （×una molto piccola casa）

ポイント4 位置によって意味の変わる形容詞

いくつかの形容詞は、置かれる位置によって違う意味になることがあります。**前に置かれていると心理的な意味になり、後ろに置かれていると物理的な意味になることが多い**と考えると覚えやすいでしょう。

un grande libro　偉大な本　　un libro grande　大きな本
una povera donna　かわいそうな女性　una donna povera　貧しい女性
un vecchio amico　古い友人　　un amico vecchio　年老いた友人
una certa notizia　ある知らせ　una notizia certa　確実な知らせ
una nuova macchina　新しい車　una macchina nuova　新品の車

練習問題

[　]の単語を使って文を完成させよう。

❶ Oggi ho mangiato una _____.
今日、とてもおいしいピザを食べた。　　　[pizza, buono, molto]

❷ Ieri ho visto un mio _____.
昨日、古い友人と会った。　　　　　　　　　　[amico, vecchio]

❸ Giorgio usa un _____.
ジョルジョは少し古い携帯電話を使っている。　[cellulare, vecchio, un po']

❹ Kafka è un _____.
カフカは偉大な作家だ。　　　　　　　　　　[scrittore, grande]

❺ Ho trovato un _____ italiano.
おいしいイタリア料理の店を見つけた。　　　[ristorante, buono]

❻ Ieri ho visto una _____.
昨日、とても美しい家を見た。　　　　　　　[casa, bello, molto]

❼ Vorrei una _____.
白いシャツが欲しい。　　　　　　　　　　　[camicia, bianco]

❽ Ieri ho visto un _____ giapponese.
昨日、いい日本映画を見た。　　　　　　　　[film, bello]

❾ Sto cercando un _____.
安いホテルを探している。　　　　　　　　　[albergo, economico]

❿ Ieri ho visto un _____.
昨日とてもいい映画を見た。　　　　　　　　[film, bello, molto]

> **すっきり**
> - 基本的に形容詞は名詞の後に置く
> - buonoやbelloなどは名詞の前に置かれることが多い
> - 位置によって大きく意味の変わることのある形容詞に、grande, povero, vecchio, certo, nuovoなどがある。名詞の前に置かれると心理的な意味、後ろに置かれると物理的な意味になることが多い

+α moltoの使い方

moltoという言葉は、副詞としても形容詞としても使われます。それぞれ使い方や意味が異なるので注意しましょう。

・副詞としてのmolto
「とても〜」「非常に〜」「大いに〜」
動詞や形容詞、他の副詞を修飾します。
形はまったく変化しません。

Federica lavora molto.　　　　　（動詞lavoraを修飾している）
Questa pizza è molto buona.　　（形容詞buonaを修飾している）
Anna canta molto bene.　　　　　（副詞beneを修飾している）

・形容詞としてのmolto
「たくさんの〜」「多くの〜」
名詞を修飾します。名詞の前に置きます。
修飾する名詞の性や数によって語尾が変化します。

C'è molto traffico.　　　　　　　（trafficoが男性単数）
C'è molta gente.　　　　　　　　　（genteが女性単数）
Ci sono molti ristoranti.　　　　（ristorantiが男性複数）
Ci sono molte pizzerie.　　　　　（pizzerieが女性複数）

もやもや 24　名詞と形容詞、複数形の語尾

-iで終わっていたら男性名詞じゃないんですか？

語尾が-iだと、自動的に「男性名詞の複数形」と思いがちですが、「女性名詞の複数形」である可能性もあるので注意が必要です。名詞と形容詞の語尾についてもう一度おさらいしておきましょう。

キホンのルール

名詞の語尾	単数形	複数形
-o（男性名詞）	→	-i
-a（女性名詞）	→	-e
-e（男性名詞・女性名詞）	→	-i

ポイント 1　-e で終わる男性名詞もある

-oや-aで終わる名詞は、男性名詞単数形、女性名詞単数形とわかるのですが、-eで終わる名詞には、3つの可能性があります。

・男性名詞単数形

　ristorante, studente, fiore など。
　＊語尾が-oreの名詞（例えば、colore）は男性名詞と覚えておくと便利

・女性名詞単数形

　lezione, canzone, arte など。
　＊語尾が-zione, -gione, -sioneの名詞（例えば、stazione, stagione, televisioneなど）は女性名詞と覚えておくと便利

・女性名詞複数形

　penne, pizze など。（単数形が-aのもの）

ポイント2　-iで終わる女性名詞もある

-iで終わる名詞には以下の2つの可能性があります。

- 男性名詞複数形
  panini, libriなど。（単数形が-oのもの）
  ristoranti, studentiなど。（単数形が-eのもの）
- 女性名詞複数形
  lezioni, canzoniなど。（単数形が-eのもの）

ポイント3　形容詞の語尾

形容詞は、基本形が-oで終わるものと-eで終わるものと2種類あります。-eで終わる形容詞は、男性名詞にかかる場合も女性名詞にかかる場合も同じ語尾になります。

男性単数	ragazzo italiano	ragazzo giapponese
女性単数	ragazza italiana	ragazza giapponese
男性複数	ragazzi italiani	ragazzi giapponesi
女性複数	ragazze italiane	ragazze giapponesi

ポイント4　名詞と形容詞の語尾が異なるパターン

名詞の語尾とそれにかかる形容詞の語尾は一致することが多いのですが、そうならないことも多いので、名詞の語尾に引きずられて間違わないよう注意しましょう。以下の組み合わせは特に間違いやすいので要注意です。

　　　　　　　　　　　　　　　　　単数形　　　　　複数形
-aの女性名詞＋基本形が-eの形容詞　ragazza giapponese → ragazze giapponesi
-eの女性名詞＋基本形が-oの形容詞　canzone italiana → canzoni italiane

練習問題

下線部に [　　] 内の単語を適宜変化させて入れよう。

❶ Vorrei una _____.
赤いネクタイが欲しいです。　　　　　　　　　　[cravatta, rosso]

❷ Vorrei una _____.
茶色いカバンが欲しいです。　　　　　　　　　　[borsa, marrone]

❸ Amo l' _____.
私はイタリア美術が大好きです。　　　　　　　　[arte, italiano]

❹ Mi piacciono le _____.
私はナポリの歌が好きです。　　　　　　[canzone, napoletano]

❺ Ti piace il _____?
生魚は好き？　　　　　　　　　　　　　　　　　[pesce, crudo]

❻ Nella scatola ci sono _____.
箱の中には壊れやすいグラスが入っています。　[bicchiere, fragile]

❼ Oggi ho due _____.
今日はプライベート・レッスンが2つあります。　[lezione, privato]

❽ Nel parco ci sono _____ molto _____.
公園の中にはとても美しい花があります。　　　　[fiore, bello]

❾ Ci sono due _____ a Venezia.
ベネチアには鉄道の駅が2つあります。　　[stazione, ferroviario]

❿ La _____ del bagno è _____.
トイレの鍵が壊れています。　　　　　　　　　　[chiave, rotto]

すっきり

- 単数形が -e で終わる名詞には、男性名詞も女性名詞もあるので注意
- 語尾が -ore の名詞は男性名詞、-zione, -gione, -sione の名詞は女性名詞と覚えておくと便利

+α 名詞の語尾変化に関する注意

1) 単複同形
   - 外来語
     un film / due film
   - 最後にアクセントのある名詞
     un caffè / due caffè

2) -co, -ca, -go, -ga が変化するもの
   - 語尾が -co や -go の男性名詞（複数形が -chi や -ghi になるものもある）
     cuoco → cuochi（× cuoci）
     albergo → alberghi（× albergi）
   - 語尾が -ca や -ga の女性名詞（複数形は常に -che や -ghe になる）
     amica → amiche（× amice）
     acciuga → acciughe（× acciuge）

3) 職業名
   - -ista で終わる職業名
     ＊violinista や pianista のように -ista で終わる職業名は、その人が男性なら男性名詞、女性なら女性名詞として扱う。複数形の語尾は、男性の場合は -i、女性の場合は -e
   - collega（同僚）
     il collega, la collega, i colleghi, le colleghe

もやもや 25 bello, buono, bene

bello と buono と bene の使い分けが難しいです…。

bello や buono や bravo や bene は、どれも「よい」という意味で使われます。bello と buono は入れ替え可能な場合もありますが、まったく同じではありません。混同しないようにしましょう。

キホンのルール

bello（形容詞）　美学的に「よい」
buono（形容詞）　質的にあるいは道徳的に「よい」
bravo（形容詞）　（人間や動物が）「優秀」という意味での「よい」
bene（副詞）　「よく（十分に・上手に）」
　　　　　　　　「いいですよ」などの返事としての「よい」

ポイント 1　bello と buono

bello には美学的な意味合いがあります（そのため「美しい」「素晴らしい」などと訳されます）。

一方、buono には質的・道徳的な意味合いがあります（そのため「善良な」「親切な」「良質の」「おいしい」などと訳されます）。

una bella ragazza　美しい少女　　una buona ragazza　善良な少女
un bel romanzo　素晴らしい小説　un buon romanzo　良質の小説

ポイント2 bravo

bravoは、(人や動物が)「優秀な」「立派な」という意味で使われます。

un bravo attore　よい(優秀な)俳優

bravo a＋不定詞で「〜するのが上手」という意味になります。
Sono bravo a cantare.
私は歌うのが上手です。

ポイント3 bene

beneは形容詞ではなく副詞ですので、動詞を修飾します。

Ho capito bene.
よくわかりました。

Roberta canta bene.
ロベルタは上手に歌います。

Va bene.
いいです。(了承の返事)

＊beneだけでも「よいです」「わかりました」という返事として使われる

練習問題

( ) にbuono, bello, bravo, beneのどれかを必要に応じて語尾を変化させて入れよう。

❶ Questa pizza è molto (　　　　).
　このピザはとてもおいしいです。

❷ Andrea parla (　　　　) giapponese.
　アンドレアは日本語を話すのが上手です。

❸ Il fratello di Anna è molto (　　　　).
　アンナのお兄さんはとてもハンサムです。

❹ Hai dormito (　　　　)?
　（君は）よく眠れた？

❺ Dario è un ragazzo molto (　　　　).
　ダリオはとてもいい（善良な）青年です。

❻ Sara è una (　　　　) insegnante.
　サラは、いい（優秀な）先生です。

❼ Ieri sera ho visto un film molto (　　　　).
　昨日の夜、とてもいい（素晴らしい）映画を見ました。

❽ Ho comprato una giacca molto (　　　　) a Firenze.
　フィレンツェでとてもすてきなジャケットを買いました。

❾ Conosci un ristorante (　　　　) ed economico?
　おいしくて安いレストランを知っていますか？

❿ Il viaggio in Sicilia è stato molto (　　　　).
　シチリア旅行はとてもよかった（楽しかった）です。

すっきり

　イタリア語では、belloという言葉が非常に頻繁に使われます。belloは、日本語ではよく「美しい」と訳されますが、日本語の「美しい」よりも幅広い意味を持ちます。小説や音楽など視覚的ではない芸術作品や娯楽作品についても「よい」という意味でよく使われますし、天気についても「よい」という意味で使われます。また、何らかの経験が「よかった」「楽しかった」「素晴らしかった」と言いたいときにもbelloをよく使います。

- bello（形容詞）：美学的に「よい」
- buono（形容詞）：質的にあるいは道徳的に「よい」
- bravo（形容詞）：（人間や動物が）「優秀」という意味での「よい」
- bene（副詞）：「よく（十分に・上手に）」 ＊動詞を修飾

+α　buonoとbello

　「いいご旅行を！」「いい一日を！」などと何かを願うときは、ふつうbuonoを使います。

Buon viaggio!　いいご旅行を！
Buona giornata!　いい一日を（お過ごしください）！

　ただし、「いい旅行だった」「いい一日だった」などと言うときは、ふつうはbelloの方を使います。

Il viaggio è stato molto bello.　旅行はとてもよかった。
È stata una giornata molto bella.　とてもいい一日だった。

もやもや 26 比較級・最上級

più ... di 〜と più ... che 〜の使い分けが苦手です。

「〜より…である」はふつう più ... di 〜と表現しますが、di の代わりに che を使わなければいけない場合もあるので、注意が必要です。比較に関わるさまざまな表現を整理しておきましょう。

キホンのルール

più ... di 〜　（〜よりもっと…である）
Giorgio è più studioso di Mario.
ジョルジョはマリオよりも勉強熱心だ。

meno ... di 〜　（〜ほど…でない）
Giorgio è meno studioso di Mario.
ジョルジョはマリオほど勉強熱心でない。

　名詞を修飾するときは、名詞のすぐ後に「più/meno ...」をつけます。
Avete una camera più economica?
Avete una camera meno cara?

ポイント 1　2つの形容詞や不定詞を比較する場合は che

Carla è più intelligente che studiosa.
カルラは勉強熱心というよりも頭がいい。

　intelligente と studioso という2つの形容詞を比較しているので che を使います。

Scrivere è più difficile **che** leggere.
書くことは読むことよりも難しい。

　　scrivere と leggere という2つの不定詞を比較しているので che を使います。

ポイント2　名詞の数量の比較をする場合は che

Bevo più birra **che** vino.
私はワインよりもビールをたくさん飲む。

　　birra と vino という2つの名詞の量を比較しているので che を使います。

ポイント3　前置詞の前では che

Paola è più gentile con te **che** con me.
パオラは私に対してよりも君に対して優しい。

　　con という前置詞があるので che を使います。

ポイント4　比較に関わるその他の表現

・... **come/quanto** ～　（～と同じくらい…である）
Giorgio è bravo come Mario.

・定冠詞 **più** ... **di** ～　（～のなかで一番…である）
Giorgio è il più bravo della classe.

・定冠詞 **meno** ... **di** ～　（～のなかで一番…でない）
Giorgio è il meno bravo della classe.

　　「～のなかで」の部分に入る名詞や代名詞が複数形の場合は、di ～の代わりに fra ～や tra ～を使ってもかまいません。
Giorgio è il più bravo **fra** i miei amici.

練習問題

[　]内の単語を使って文を完成させよう。

❶ Laura è _____ mia classe.
ラウラは私のクラスで一番優秀だ。　　　　　　　　　　　　[bravo]

❷ Siete molto _____ me.
君たちは私よりずっと若い。　　　　　　　　　　　　　　　[giovane]

❸ Mangio _____ carne.
私は肉よりも魚をたくさん食べる。　　　　　　　　　　　　[pesce]

❹ Queste scarpe sono _____ quelle.
この靴はあの靴ほど高くない。　　　　　　　　　　　　　　[costoso]

❺ Dire è _____ fare.
言うことは実行することよりも簡単だ。　　　　　　　　　　[facile]

❻ Avete dei pantaloni un po' _____ questi?
これよりもう少し短いズボンはありますか？　　　　　　　　[corto]

❼ Qual è _____ treno _____?
一番速い電車はどれですか？　　　　　　　　　　　　　　　[veloce]

❽ Questa sedia è _____ comoda.
この椅子は快適というよりも美しい。　　　　　　　　　　　[bello]

❾ Sara è _____ mia classe.
サラは私のクラスで一番勉強熱心でない。　　　　　　　　　[studioso]

❿ Questo paese è _____ in autunno _____ in estate.
この村は、夏よりも秋の方が美しい。　　　　　　　　　　　[bello]

すっきり

che を使う場合
① 2つの形容詞・2つの不定詞などを比較する場合
② 名詞の数量を比較する場合
③ 前置詞の前

+α　特殊な比較級

比較の表現にはふつう più や meno を使いますが、いくつかの形容詞や副詞は独自の形をもっています。

形容詞	比較級
buono	migliore (più buono も可)
cattivo	peggiore (più cattivo も可)
grande	maggiore (più grande も可)
piccolo	minore (più piccolo も可)

Questo vino è migliore di quello.
このワインはあのワインよりも優れている。

副詞	比較級
bene	meglio
male	peggio

Oggi sto meglio di ieri.　今日私は昨日より元気だ。

もやもや27 目的語代名詞

「彼を」はlo、「彼に」がgli…3人称でいつも迷います。

直接目的語代名詞（「〜を」）と間接目的語代名詞（「〜に」）は、形の同じものと違うものがあるので、間違いやすいポイントです。違いを比べて整理しておきましょう。

キホンのルール

		直接目的語（〜を）	間接目的語（〜に）
1人称	私	mi	mi
2人称	君	ti	ti
3人称	彼	lo	gli
	彼女／あなた	la	le
1人称	私たち	ci	ci
2人称	君たち	vi	vi
3人称	彼ら	li	gli
	彼女ら	le	gli

ポイント1　1人称と2人称はすべて同じ

mi, ti, ci, viは、直接目的語も間接目的語もまったく同じ形です。

mi＝私を／私に　　　ci＝私たちを／私たちに
ti＝君を／君に　　　vi＝君たちを／君たちに

ポイント2 3人称は要注意

3人称（彼・彼女・彼ら）の場合は、直接目的語と間接目的語で、形が異なるので注意が必要です。

- 彼を＝lo　彼に＝gli
- 彼女を＝la　彼女に＝le
- 彼らを＝li　彼らに＝gli
- 彼女らを＝le　彼女らに＝gli

直接目的語（〜を）

	男性	女性
単数	lo	la
複数	li	le

間接目的語（〜に）

	男性	女性
単数	gli	le
複数	gli	gli

直接目的語は、基本がloで、語尾が性や数によって、-o, -a, -i, -eと変わるだけだと考えると覚えやすいでしょう。

間接目的語は、ほぼすべてがgliで、「彼女に」だけがleと考えると覚えやすいでしょう。

ポイント3 敬称（Lei）を使うとき

敬称（Lei）を使う相手に対しては、「彼女を」「彼女に」と同じようにlaやleを使います。相手が男性でも女性でも同じです。

Le telefono domani mattina.
明日の朝、（あなたに）お電話させていただきます。

＊特に改まった手紙などでは、文頭でなくても大文字でLaやLeと書かれることがある

ポイント4 「物」について話すとき

「それを／それらを」は、その名詞の文法上の性や数に合わせて、lo（男単）、la（女単）、li（男複）、le（女複）を使い分けます。

練習問題

質問に答えて、（　）に適切な目的語代名詞を入れよう。

❶ Da quanto tempo conosci Mario?　いつからマリオを知っているの？
　–（　　　）conosco da due mesi.　２カ月前から知っているよ。

❷ Quando telefonate a vostro padre?　お父さんにいつ電話するの？
　–（　　　）telefoniamo domani sera.　明日の夜、電話するよ。

❸ Invitate Dario e Lucia a cena?　ダリオとルチアを夕食に招く？
　– Sì,（　　　）invitiamo.　うん、招くよ。

❹ Che cosa regali a Sara per il suo compleanno?
　サラの誕生日に何をあげる？
　–（　　　）regalo una borsa.　バッグをあげるよ。

❺ Dove fai la spesa?　買い物はどこでする？
　–（　　　）faccio al supermercato vicino a casa.
　近所のスーパーでするよ。

❻ Quando telefoni ai tuoi genitori?　両親にいつ電話する？
　–（　　　）telefono stasera.　今夜電話するよ。

❼ Inviti le tue sorelle alla festa?　パーティーにお姉さんたちを招く？
　– No, non（　　　）invito questa volta.　いや、今回は招かない。

❽ Da quanto tempo conoscete Giulia?　いつからジュリアを知っているの？
　–（　　　）conosciamo da un anno.　１年前から知っているよ。

❾ Dove compri le verdure?　野菜はどこで買う？
　–（　　　）compro al mercato vicino a casa.　近所の市場で買うよ。

すっきり

	直接目的語 (〜を)	間接目的語 (〜に)
彼	lo	gli
彼女／あなた	la	le
彼ら	li	gli
彼女ら	le	gli

- 直接目的語（3人称）…基本はloで、語尾が-o, -a, -i, -eと変わる
- 間接目的語（3人称）…ほぼすべてgliで、lei（彼女／あなた）だけがle

+α　代名詞に関する注意

・直接？　間接？　間違いやすい動詞

　基本的には、「〜を」なら「直接目的語」、「〜に」なら「間接目的語」ですが、なかには日本語の使い分けと一致しないものもあります。以下の動詞は、イタリア語では「直接目的語」をとるので注意しましょう。

incontrare / vedere（〜に会う）、salutare（〜にあいさつする）、chiamare（〜に電話する）、ringraziare（〜に感謝する）

明日彼に会う。→ ○Lo incontro domani.　×Gli incontro domani.

・「前置詞＋人」の場合

　con や per のような前置詞の後に人称代名詞を置く場合は、me, te, lui, lei, noi, voi, loroの形を使います。

Vuoi venire **con me** alla festa?
私と一緒にパーティーに行きたい？

もやもや 28 目的語代名詞の複合形

「君にそれを貸す」は Ti lo presto. でいいですか？

「君にそれを貸す」は、Ti lo presto. ではなく、Te lo presto. と言います。「君にそれを」のように、間接目的語（〜に）と直接目的語（〜を）が隣り合うときのルールを整理しておきましょう。

キホンのルール

	lo	la	li	le
mi（私に）	me lo	me la	me li	me le
ti（君に）	te lo	te la	te li	te le
gli（彼に／彼らに／彼女らに） le（彼女に／あなたに）	glielo	gliela	glieli	gliele
ci（私たちに）	ce lo	ce la	ce li	ce le
vi（君たちに）	ve lo	ve la	ve li	ve le

ポイント 1　1人称と2人称は i が e に変化

1人称と2人称である mi, ti, ci, vi の4つは、直接目的語と隣り合うと、i が e に変わって、me, te, ce, ve になります。

lo と隣り合うケースを例に見てみましょう。

私にそれを（mi + lo）= **me lo**　　君にそれを（ti + lo）= **te lo**
私たちにそれを（ci + lo）= **ce lo**　君たちにそれを（vi + lo）= **ve lo**

ポイント2 語順

常に「間接目的語（〜に）」が先になります。

君たちにそれをあげる→ ○ve lo do　×lo ve do

ポイント3 3人称は要注意

3人称（彼・彼女・彼ら）の場合は、直接目的語と間接目的語が合体します。間接目的語（〜に）の部分が何であろうと、すべてglielo, gliela, glieli, glieleになります。glieにlo, la, li, leがつくと考えるといいでしょう。

	lo	la	li	le
gli（彼に／彼らに／彼女らに） le（彼女に／あなたに）	glielo	gliela	glieli	gliele

ポイント4 不定詞があるとき

不定詞と一緒に使うときは、不定詞の語尾のeを取ってから、目的語をつなげます。間にスペースを入れず「不定詞＋間接目的語＋直接目的語」をつなげて1語にします。

Posso prestar**telo**.

君にそれを貸してあげられるよ。

＊Te lo posso prestare. も可

Devo prestar**glielo**.

彼（彼女／彼ら／彼女ら／あなた）にそれを貸してあげなければいけない。

＊彼・彼女・彼ら・彼女ら・あなた、のどれかは文脈で判断
＊Glielo devo prestare. も可

練習問題

質問に答えて、（　）に適切な目的語代名詞を入れよう。

❶ Quando regalate le scarpe a Roberta?　ロベルタにいつ靴をあげるの？
　–（　　　　　）regaliamo dopodomani.　明後日あげるよ。

❷ Mi presti questa rivista?　この雑誌貸してくれる？
　– Sì,（　　　　　）presto volentieri.　喜んで貸してあげるよ。

❸ Quando vi danno la chiave della casa?　いつ家の鍵を渡してくれるの？
　–（　　　　　）danno domani pomeriggio.　明日の午後渡してくれるよ。

❹ Quando ti restituisce i libri Luca?　ルカはいつ本を返してくれるの？
　–（　　　　　）restituisce lunedì prossimo.　来週の月曜に返してくれるよ。

❺ Ci presti un ombrello?　傘貸してくれる？
　– Sì,（　　　　　）presto volentieri.　喜んで貸してあげるよ。

❻ Quando devo restituirti la chiave?　いつ鍵を返さないといけない？
　– Devi restituir(　　　　　) stasera.　今夜返してくれないといけないよ。

❼ Come spedite il pacco a Mario?　どのようにマリオに小包を送るの？
　–（　　　　　）spediamo via nave.　船便で送るよ。

❽ Quando regali il quadro ai tuoi genitori?　いつ両親に絵をあげるの？
　–（　　　　　）regalo domani sera.　明日の夜あげるよ。

❾ A che ora devi restituire la macchina a tuo padre?
　何時にお父さんに車を返さないといけないの？
　– Devo restituir(　　　　　) verso le 10.
　10時ごろに返さないといけない。

すっきり

mi		me lo(a, i, e)
ti		te lo(a, i, e)
gli, le	+ lo(a, i, e) =	glielo(a, i, e)
ci		ce lo(a, i, e)
vi		ve lo(a, i, e)

- 1人称と2人称（mi, ti, ci, vi）→ i を e に変えるだけ
- 3人称（gli, le）→ すべて gliel… (glielo, gliela, glieli, gliele)
- glielo には「彼に・彼女に・彼らに・彼女らに・あなたに」など複数の意味がありえるが、誰のことなのかはふつう文脈から判断できる

+α 動詞が近過去形のときの注意

- lo と la は l' になる

近過去形の動詞の前では、直接目的語 lo と la は母音が省略され l' になります。

× Lo ho comprato. → ○ L'ho comprato.　私はそれを買った。

- la, li, le が前に来るときは、過去分詞の語尾に注意

私はそれ（女性名詞単数のもの）を買った。→ **L**'ho comprat**a**.
私はそれら（男性名詞複数のもの）を買った。→ **Li** ho comprat**i**.
私はそれら（女性名詞複数のもの）を買った。→ **Le** ho comprat**e**.

もやもや 29 　代名小詞（ciとne）

ciやneをいつ使えばいいのか よくわかりません。

ciやneにはいろいろな使い方があります。日常会話によく出てくる表現を中心にいくつかの使い方を見ておきましょう。ciやneを使うことによって、同じ言葉の繰り返しを避けることができます。
＊この項目で扱うciは、「私たちに」や「私たちを」を意味するciとは別のものです。

キホンのルール

- ci = a (in, su) 〜（そこに、それを）
- ne = di 〜（それについて、それを）

ポイント1　場所を示すci

ciには、a (in, su) 〜を示す働きがあります。すでに話題に上った場所などを示すために特によく使われます。

Come vai a Venezia? – **Ci** vado con il treno.
「ベネチアにはどのように行くの？」「（そこへは）電車で行くよ」

＊ciはa Veneziaを示す

ポイント2　場所以外のものを示す ci

ciが場所以外のものや事柄を示すために使われることもあります。riuscire a（〜することに成功する）という表現を例に見てみましょう。

Riesci a capire questa frase? Io non ci riesco!
この文章の意味を（君は）理解できる？　私はできない！
＊ciはa capireを示す

ciは、provare a 不定詞（〜することを試す）、credere a/in ＋名詞（〜を信じる）などの表現についてもよく使われます。

ポイント3　「〜について」を示す ne

neには、di 〜を示す働きがあります。すでに話題に上ったことなどを示すためによく使われます。

Dobbiamo parlare del problema dei soldi.
– Stasera sono molto stanco. Ne parliamo domani.
「お金の問題について（私たちは）話さなければいけない」
「今夜はとても疲れているんだ。（それについては）明日話そう」
＊neはdel problemaを示す

ポイント4　数量に関わる ne

「それを」は、ふつうlo, la, li, leで表しますが、数量表現がある場合はneを使います。すでに話題に上った物についく、「〜個」「〜グラム」「少し」「たくさん」などと、数量を示すときに使います。

Quante mele vuole?　– Ne vorrei quattro.
「リンゴ、いくつ欲しいですか？」「（それを）4つ欲しいです」
＊neはdi meleを示す

練習問題

（　）にciかneを入れよう。

❶ Puoi aprire questa bottiglia? Io non (　　) riesco.
この瓶を開けてくれる？　私にはできない。

❷ Quando vai a Venezia?　いつベネチアに行くの？
– (　　) vado questo fine settimana.　今週末に行くよ。

❸ Quanti anni hai?　君は何歳？
– (　　) ho ventidue.　22歳。

❹ Sei mai stato a Napoli?　ナポリに行ったことある？
– Sì, (　　) sono stato due volte.　2度行ったことあるよ。

❺ Mi piace molto il vino. (　　) bevo almeno due bicchieri ogni sera.
私はワインがとても好きだ。毎晩少なくとも2杯は飲む。

❻ Vorrei un po' di prosciutto crudo.　生ハムを少し欲しいのですが。
– Quanto (　　) vuole?　どれくらい欲しいのですか？

❼ Quando parliamo del progetto?　プロジェクトについていつ話そうか？
– (　　) parliamo lunedì prossimo.　来週の月曜日に話そう。

❽ Quanto zucchero vuoi?　どれくらい砂糖が欲しい？
– (　　) vorrei solo un cucchiaio.　1さじだけ欲しい。

❾ Sei riuscita a risolvere il problema?　問題を解決できた？
– (　　) ho provato, ma non (　　) sono riuscita.
解決を試みたけど、うまくいかなかった。

❿ Hai già parlato dell'esame con Lucia?　ルチアと試験について話した？
– Non ancora. (　　) parleremo domattina.　まだだ。明日の朝話す。

すっきり

- ci = a (in, su) ...
- ne = di ...

　ciやneを使うことで、同じ言葉の繰り返しを避けることができるので、表現が簡潔になります。

　ciやneにはいろいろな使い方があり、すべてをすぐに使いこなすのは難しいので、まずは、聞いたときや読んだときに、意味を理解できるようになることを目指しましょう。

+α ciを使ったさまざまな表現

　ciを使う表現のなかには、「a (in, su) 〜」に当てはまらないものもあります。これらは慣用的な言い回しで、「ci」自体に特にはっきりとした意味はないので、熟語としてセットで覚えてしまいましょう。

- **ci + vuole / vogliono**（[時間などが] かかる）
「かかるもの」が主語になります。

　Ci vuole un'ora per andare a Roma.
　ローマまで1時間かかる。（主語がun'ora（単数）なのでvuole）

　Ci vogliono due ore per andare a Roma.
　ローマまで2時間かかる。（主語がdue ore（複数）なのでvogliono）

- **ci + mettere**（[時間などを] かける、[時間などが] かかる）
「かける人」が主語になります。

　Di solito ci metto un'ora per fare i compiti.
　（私は）普段1時間かけて宿題をする。

もやもや 30 関係代名詞

関係代名詞はいつもcheでいいですか？

la borsa che ho comprato（私が買ったバッグ）やil ragazzo che legge il libro（本を読んでいる男の子）のように、cheは「物」についても「人」についてもさまざまな場面で使える便利な言葉です。ただし、前置詞（in, a, per, conなど）が必要なときには、cheではなくcuiを使います。

キホンのルール

・cheの使い方

① 動詞の主語 che 動詞
 la ragazza **che** lavora al bar　バールで働いている女の子
② 動詞の直接目的語 che 動詞＋主語
 il giornale **che** legge Gianni　ジャンニが読む新聞

ポイント1　cheは「物」にも「人」に使える

cheは「物」についても「人」についても使えます。

la macchina **che** ho visto ieri　私が昨日見かけた車
la ragazza **che** ho visto ieri　私が昨日見かけた女の子

英語では、「人」について説明する場合、関係代名詞whoをよく使いますが、イタリア語では、「人」の場合もchiではなくcheを使います。間違えてchiを使わないように注意しましょう。

× la ragazza chi lavora al bar → ○ la ragazza che lavora al bar

ポイント2　cheは「主語」にも「目的語」にも使える

cheは動詞の「主語」についても「直接目的語」についても使えます。

il treno **che** parte alle 3
3時に出発する電車 (il trenoはpartireの主語)

il treno **che** prende Barbara
バルバラが乗る電車 (il trenoはprendereの目的語)

ポイント3　前置詞が必要な場合はcui

前置詞が必要な場合には、cheではなく「前置詞＋cui」を使います。

il ragazzo **con cui** sono andata al mare
私が一緒に海に行った男の子

　il ragazzoは、「私が一緒に海に行った相手」であって、andareの主語や目的語ではありません。「〜と一緒に」というときは前置詞conが必要です。

il libro **di cui** ti ho parlato ieri　私が昨日君に話した本
＊「〜について話す」はparlare di 〜なので前置詞が必要

il paese **in cui** è nato Roberto　ロベルトが生まれた村
＊「〜で生まれる」はnascere in/a 〜なので前置詞が必要

l'amico **a cui** ho telefonato stamattina
私が今朝電話した友達
＊「〜に電話する」はtelefonare a 〜なので前置詞が必要
　a cuiの場合は、aが省略されることもあります。

練習問題

関係代名詞（che と cui）を使って文を完成させよう。

❶ Devo prendere il treno _____ parte alle quattro.
　4時に出発する電車に乗らなければいけない。

❷ Chi è quel ragazzo _____ eri ieri sera?
　君が昨夜一緒にいた男の子は誰？

❸ Questo è il negozio _____ ti ho parlato ieri.
　これが昨日君に話した店だ。

❹ Queste sono le scarpe _____ ho comprato ieri.
　これが昨日買った靴だ。

❺ Chi è quella bella ragazza _____ parla con Giovanni?
　今ジョヴァンニと話しているかわいい女の子は誰？

❻ Lui è il designer _____ ho lavorato l'anno scorso.
　彼は私が去年一緒に働いたデザイナーだ。

❼ Ho conosciuto una ragazza _____ parla bene il giapponese.
　日本語を上手に話す女の子に出会った。

❽ Questo è l'albergo _____ siamo stati l'anno scorso.
　これは私たちが去年滞在したホテルです。

❾ Come si chiama il film _____ hai visto ieri?
　昨日君が見た映画はなんという名前だった？

❿ C'è un museo famoso nell'isola _____ vivono i miei genitori.
　私の両親が住む島には有名な美術館がある。

> **すっきり**
>
> 関係代名詞の使い方
> ・基本的にはいつもcheでよい
> ・前置詞が必要なときは、「前置詞＋cui」を使う
> 　「私が話した本」と「私が買った本」は、日本語だと同じような構造ですが、イタリア語ではil libro di cui ho parlato、il libro che ho compratoのように異なるので注意が必要です。

+α　その他のさまざまな関係代名詞

　日常会話で頻繁に使うのはcheと「前置詞＋cui」の2つですが、ほかにもイタリア語にはさまざまな関係代名詞があります。以下のものは、聞いたときや読んだときに意味を理解できれば十分です。

・dove
　場所について説明するときに使います。
il paese **dove** è nato Roberto　ロベルトが生まれた村
　この文はil paese in cui è nato Robertoと同じ意味です。

・chi
　「〜する人」という意味で使います。
Dobbiamo aiutare **chi** soffre.
苦しんでいる人を助けなければいけない。

　chiやdoveは関係代名詞としてよりも、「誰」や「どこ」といった疑問詞としての方がよく使われます。

練習問題の解答

1 冠詞の使い分け
❶ un ❷ la ❸ una ❹ una, La ❺ Il ❻ la ❼ il ❽ un ❾ la
❿ una, un, La

2 冠詞の例外
❶ uno ❷ una ❸ un ❹ un' ❺ la ❻ lo ❼ l' ❽ l' ❾ gli
❿ gli

3 前置詞と定冠詞の結合
❶ sulla ❷ al ❸ nelle ❹ dal ❺ nello ❻ della ❼ allo ❽ sull'
❾ dagli ❿ dell'

4 指示形容詞
❶ Quei ❷ Quell' ❸ Quella ❹ Quelle ❺ Quel ❻ Quegli ❼ Quegli
❽ Quell' ❾ Quello ❿ Quell'

5 指示形容詞と指示代名詞
❶ quei ❷ Quel ❸ Quelli ❹ Quelle ❺ Quelli ❻ quella ❼ Quello
❽ Quello ❾ Quella ❿ quegli

6 所有形容詞
❶ sua ❷ suoi ❸ mia ❹ sue ❺ sue ❻ loro ❼ suo ❽ suoi ❾ tuo
❿ suoi

7 不定形容詞 qualche, ogni, alcuni, tutti
❶ riviste ❷ i giorni ❸ le camere hanno ❹ venerdì ❺ C'è, gatto
❻ mattina ❼ studenti ❽ moneta ❾ persona ha ❿ il giorno

8 動詞の規則活用

❶ partono ❷ prende ❸ leggono ❹ dorme ❺ aprite ❻ arriva
❼ chiudete ❽ mangi ❾ parlate

9 -ire動詞の規則活用

❶ parti ❷ pulisco ❸ finite ❹ offro ❺ Preferisci ❻ capiscono
❼ apre ❽ dormono ❾ Spediamo ❿ finisce

10 piacereの使い方

❶ Gli piacciono ❷ Non mi piacciono ❸ Ci piace ❹ Vi piace
❺ Gli piace ❻ Gli piacciono ❼ Le piacciono ❽ Le sono piaciuti
❾ Ti è piaciuto ❿ Ci è piaciuta

11 近過去

❶ hai mangiato ❷ siete arrivate ❸ sono uscite ❹ Abbiamo fatto
❺ Sono partita ❻ non sei venuta ❼ Sono rimasto ❽ Avete dormito
❾ Siamo andati ❿ hanno bevuto

12 近過去と半過去

❶ è venuto, era ❷ ero, pranzavo ❸ è uscita, pioveva
❹ preparavo, ha telefonato ❺ è andata, aveva ❻ è stata
❼ eravamo, andavamo ❽ studiavo, leggeva ❾ ho fatto
❿ è arrivato, era

13 再帰動詞の近過去

❶ ti sei svegliato ❷ si sono annoiati ❸ ci siamo svegliati
❹ si è sposata ❺ vi siete conosciuti ❻ Vi siete divertite
❼ si sono addormentate ❽ Mi sono messa ❾ si sono rilassati
❿ ci siamo viste

練習問題の解答

14 大過去
❶ ero tornata ❷ eravamo, usciti ❸ avevo dormito ❹ aveva studiato
❺ Eravate, arrivate ❻ eri, partita ❼ avevamo bevuto ❽ avevano, finito
❾ avevano, cominciato ❿ era, uscita

15 ジェルンディオ
❶ Sto facendo ❷ Parlando ❸ stava studiando ❹ Andando
❺ Stavamo preparando ❻ conoscendo ❼ ascoltando
❽ stanno dormendo ❾ Andando ❿ state parlando

16 受動態
❶ è frequentato da ❷ sono stata invitata, da ❸ sarà pubblicato
❹ siamo state aiutate da ❺ deve essere mangiato ❻ è stato annullato
❼ saranno spedite ❽ sono stati rimborsati ❾ è letta da
❿ sono stati restaurati

17 未来形
❶ partirai ❷ Saranno ❸ avrà, finito ❹ Sarà tornata ❺ diventerà
❻ saremo, tornati ❼ passerete ❽ Avrà litigato ❾ avrà ❿ Viaggeremo

18 条件法
❶ Vorrei ❷ comprerei ❸ Potresti ❹ Vorremmo ❺ ti metteresti
❻ mi metterei ❼ faresti ❽ partirei ❾ Potrebbe ❿ Dovresti

19 接続法
❶ arrivi ❷ sia ❸ partano ❹ prenda ❺ finiscano ❻ siate ❼ abbia
❽ siano ❾ arrivino ❿ finisca

20 命令法
❶ Gira ❷ Giri ❸ Girate ❹ Chiudi ❺ Chiuda ❻ Chiudete
❼ Chiamami ❽ Mi chiami ❾ Chiamatemi ❿ Riposiamoci

21 前置詞
❶ a, con ❷ di ❸ A ❹ in ❺ da ❻ Da, per ❼ in ❽ con ❾ da, in
❿ per

22 前置詞と動詞
❶ di ❷ di ❸ a ❹ di ❺ a ❻ a ❼ di ❽ a ❾ di ❿ a, di

23 形容詞の位置
❶ pizza molto buona ❷ vecchio amico ❸ cellulare un po' vecchio
❹ grande scrittore ❺ buon ristorante ❻ casa molto bella
❼ camicia bianca ❽ bel film ❾ albergo economico
❿ film molto bello

24 名詞と形容詞、複数形の語尾
❶ cravatta rossa ❷ borsa marrone ❸ arte italiana
❹ canzoni napoletane ❺ pesce crudo ❻ bicchieri fragili
❼ lezioni private ❽ fiori, belli ❾ stazioni ferroviarie ❿ chiave, rotta

25 bello, buono, bene
❶ buona ❷ bene ❸ bello ❹ bene ❺ buono ❻ brava ❼ bello
❽ bella ❾ buono ❿ bello

練習問題の解答

26 比較級・最上級
❶ la più brava della ❷ più giovani di ❸ più pesce che
❹ meno costose di ❺ più facile che ❻ più corti di ❼ il, più veloce
❽ più bella che ❾ la meno studiosa della ❿ più bello, che

27 目的語代名詞
❶ Lo ❷ Gli ❸ li ❹ Le ❺ La ❻ Gli ❼ le ❽ La ❾ Le

28 目的語代名詞の複合形
❶ Gliele ❷ te la ❸ Ce la ❹ Me li ❺ ve lo ❻ mela ❼ Glielo
❽ Glielo ❾ gliela

29 代名小詞（ciとne）
❶ ci ❷ Ci ❸ Ne ❹ ci ❺ Ne ❻ ne ❼ Ne ❽ Ne ❾ Ci, ci ❿ Ne

30 関係代名詞
❶ che ❷ con cui ❸ di cui ❹ che ❺ che ❻ con cui ❼ che ❽ in cui
❾ che ❿ in cui

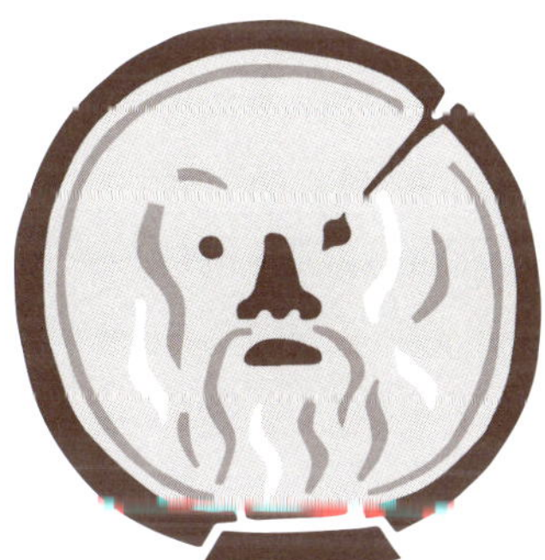

イタリア語文法 早わかりシート

冠詞・形容詞類

1 冠詞の使い分け

- 具体的に何を指しているのか、聞き手がわからない(あるいは重要でない)場合→不定冠詞
- 具体的に何を指しているのか、聞き手もわかる場合や、一般的・総称的に何かを指す場合→定冠詞

不定冠詞

男性名詞	un
女性名詞	una

定冠詞

	単数	複数
男性名詞	il	i
女性名詞	la	le

2 冠詞の例外

	不定冠詞	定冠詞 単数	定冠詞 複数
s＋子音字、zで始まる名詞	uno （男性名詞のみ）	lo （男性名詞のみ）	gli （男性名詞のみ）
母音で始まる名詞	un' （女性名詞のみ）	l' （男性・女性両方）	

* 男性名詞の場合、母音で始まっていても、不定冠詞は un
* 女性名詞の場合、「s＋子音字」や「z」で始まっていても、冠詞はuna や la のままで、uno や lo にはならない

3 前置詞と定冠詞の結合

	il	lo	la	l'	i	gli	le
a	al	allo	alla	all'	ai	agli	alle
su	sul	sullo	sulla	sull'	sui	sugli	sulle
da	dal	dallo	dalla	dall'	dai	dagli	dalle
di	del	dello	della	dell'	dei	degli	delle
in	nel	nello	nella	nell'	nei	negli	nelle

* il → l（i が消える）
* l で始まる冠詞（lo, la, l', le）→ llo, lla, ll', lle（l が 1 つ増える）
* di → de
* in → ne

4 指示形容詞

- 指示形容詞quelloの変化は定冠詞の語形変化と似ている
  il……quel
  lo……quello
  l'……quell'
  i……quei
  la……quella
  le……quelle

5 指示形容詞と指示代名詞

- 指示形容詞（その・あの）は、定冠詞と同じように語尾変化する
- 指示代名詞（それ・あれ）は、「-oで終わる形容詞」と同じように語尾変化する（名詞の直前に置かれないので、「s + 子音始まり」や「母音始まり」などに注意する必要がない）

	単数	複数
男性	quello	quelli
女性	quella	quelle

6 所有形容詞

所有の対象 / 所有者	男性名詞 単数	男性名詞 複数	女性名詞 単数	女性名詞 複数
私の	mio	miei	mia	mie
君の	tuo	tuoi	tua	tue
彼・彼女・あなたの	suo	suoi	sua	sue
私たちの	nostro	nostri	nostra	nostre
君たちの	vostro	vostri	vostra	vostre
彼ら・彼女らの	loro	loro	loro	loro

* 「所有されているもの」の性や数に合わせて語尾変化
* 「彼らの」「彼女らの」のときは、常に「loro」
* 親族名詞の単数形の場合、定冠詞をつけない

7 不定形容詞 qualche, ogni, alcuni, tutti

- 単数形をとるもの
  qualche （いくつかの、何人かの）
  ogni （すべての、それぞれの〜、毎〜）
- 複数形をとるもの
  alcuni, alcune （いくつかの、何人かの）
  tutti, tutte （すべての、毎〜）

* tutto, tutta, tutti, tutte の後は、定冠詞を忘れないように注意

動詞の活用

8 動詞の規則活用

-are動詞	-o, -i, -a, -iamo, -ate, -ano
-ere動詞	-o, -i, -e, -iamo, -ete, -ono
-ire動詞	-o, -i, -e, -iamo, -ite, -ono

- io, tu, noi……-o, -i, -iamo
- 3人称単数……-are動詞なら-a、それ以外なら-e
- 3人称複数……-are動詞なら-ano、それ以外なら-ono
- 2人称複数……それぞれ-ate, -ete, -ite

9 -ire動詞の規則活用

標準型　　-o, -i, -e, -iamo, -ite, -ono
isc型　　-isco, -isci, -isce, -iamo, -ite, -iscono

*isc型の動詞でよく使うのは、finire, capire, pulire, preferire, spedireなど
*noiとvoiのときはiscは入らない

10 piaceの使い方

- 「好きなもの」が主語になる
- 主語が単数形ならpiace、複数形ならpiacciono
- 「好んでいる人」は間接目的語（mi, ti, gli, le, ci, vi）で表す
- 過去形を作るときはessereを使い、過去分詞の語尾を主語に合わせる

11 近過去

- 他動詞……avere
- 再帰動詞…essere
- 自動詞……発着往来・状態・変化に関わるもの→essere
  　　　　　それ以外→avere

12 近過去と半過去

- 近過去…（現在から見て）完了した行為や出来事
- 半過去…（過去のある時点で）完了していない行為や状態
- ＊ 半過去は、「空がきれいだった」とか「人がたくさんいた」など、過去の状況の描写によく使う
- ＊ 「〜から…まで」「○カ月間」のように期間が明確に特定されている場合はふつう近過去

13 再帰動詞の近過去

- 再帰代名詞 + essere + 過去分詞（語尾は主語の性・数に一致）
- 再帰代名詞（mi, ti, si, ci, vi）の部分は現在形のときと同じ

14 大過去

- 大過去の作り方
  essere または avere の半過去活用 + 過去分詞
- 大過去の使い方
  過去のある時点から見てさらに以前のことを表す

15 ジェルンディオ

- 現在進行形は、「stare の現在活用（sto, stai, sta, stiamo, state, stanno）+ ジェルンディオ」で作る
  - -are → -ando　　mangiare → mangiando
  - -ere → -endo　　leggere → leggendo
  - -ire → -endo　　dormire → dormendo
  - 不規則活用：　　fare → facendo
  　　　　　　　　　bere → bevendo
  　　　　　　　　　dire → dicendo

16 受動態

- 受動態の作り方：essere の活用形＋過去分詞＋da ～
- 過去分詞の語尾は「文法上の主語」の性・数に合わせる

17 未来形

-are, -ere 動詞 -erò, -erai, -erà, -eremo, -erete, -eranno
-ire 動詞　　 -irò, -irai, -irà, -iremo, -irete, -iranno
essere　　　　sarò, sarai, sarà, saremo, sarete, saranno
avere　　　　 avrò, avrai, avrà, avremo, avrete, avranno

- 前未来
essere あるいは avere の未来形＋過去分詞

18 条件法

- 未来形の「r までの部分」＋ -ei, -esti, -ebbe, -emmo, -este, -ebbero

直説法未来形の語尾　-rò, -rai, -rà, -remo, -rete, -ranno
条件法現在形の語尾　-rei, -resti, -rebbe, -remmo, -reste, -rebbero

* noi が主語のときは、未来形が -remo なのに対して、条件法は -remmo と m が 2 つになる

19 接続法

	-are動詞	-ere動詞 -ire動詞	-ire動詞 （isc型）
io, tu, lui/lei	-i	-a	-isca
noi	\multicolumn{3}{c}{-iamo}		
voi	-iate		
loro	-ino	-ano	-iscano

20 命令法

	-are動詞	-ere動詞 -ire動詞	-ire動詞 （isc型）
tu	-a	-i	-isci
Lei（敬称）	-i	-a	-isca

- noiとvoiの活用は、直説法現在形と同じ
- 命令法は、友達などの親しい間柄の相手に対してよく使われる。per favoreをつけることもよくある

前置詞・代名詞

21 前置詞

〜の：di ...
〜から：da ...
〜と：con ...
〜のために：per ...
〜に：in（国・州、in ufficio, in montagna, in biblioteca）
〜に：a（町、a scuola, a teatro, al cinema, al mare）

22 前置詞と動詞

- 「〜し始める」や「〜し続ける」……a
  cominciare, iniziare, mettersi, continuare
- 「〜し終える」や「〜するのをやめる」……di
  finire, smettere

23 形容詞の位置

- 基本的に形容詞は名詞の後に置く
- buono や bello などは名詞の前に置かれることが多い
- 位置によって大きく意味の変わることのある形容詞：
  grande, povero, vecchio, certo, nuovo

   * 名詞の前に置かれると心理的な意味、後ろに置かれると物理的な意味になることが多い

24 名詞と形容詞、複数形の語尾

単数形		複数形
-o（男性名詞）	→	-i
-a（女性名詞）	→	-e
-e（男性名詞・女性名詞）	→	-i

- 単数形が -e で終わる名詞には、男性名詞も女性名詞もあるので注意
- 語尾が -ore の名詞は男性名詞、-zione, -gione, -sione の名詞は女性名詞

25 bello, buono, bene

- bello（形容詞）：美学的に「よい」
- buono（形容詞）：質的にあるいは道徳的に「よい」
- bravo（形容詞）：(人間や動物が)「優秀」という意味での「よい」
- bene（副詞）：「よく（十分に・上手に）」 *動詞を修飾

26 比較級・最上級

- 比較の対象はdiで表す
  più ... di ～（～よりもっと…である）
  meno ... di ～（～ほど…でない）
- 以下の場合はcheを使う
① 2つの形容詞・2つの不定詞などを比較する場合
② 名詞の数量を比較する場合
③ 前置詞の前

27 目的語代名詞

	直接目的語（〜を）	間接目的語（〜に）
彼	lo	gli
彼女／あなた	la	le
彼ら	li	gli
彼女ら	le	gli

- 直接目的語（3人称）…基本はloで、語尾が-o, -a, -i, -eと変わる
- 間接目的語（3人称）…ほぼgliで、lei（彼女／あなた）だけle

28 目的語代名詞の複合形

mi	me lo(a, i, e)
ti	te lo(a, i, e)
gli, le + lo(a, i, e) =	glielo(a, i, e)
ci	ce lo(a, i, e)
vi	ve lo(a, i, e)

- 1人称と2人称（mi, ti, ci, vi）→iをeに変えるだけ
- 3人称（gli, le）→すべてgliel…（glielo, gliela, glieli, gliele）

29 代名小詞（ciとne）

- ci = a (in, su) ...（そこに、それを）
- ne = di ...（それについて、それを）

30 関係代名詞

- 基本的にはいつもcheでよい
- 前置詞が必要なときは、「前置詞＋cui」を使う
- ※「私が話した本」と「私が買った木」は、日本語だと同じような構造だが、イタリア語ではil libro di cui ho parlato、il libro che ho compratoのように異なるので注意が必要

時制のまとめ

直説法

半過去
lavoravo
arrivavo
avevo
ero

-vo, -vi, -va, -vamo, -vate, -vano
＊essereを除く

現在
lavoro
arrivo
ho
sono

未来
lavorerò
arriverò
avrò
sarò

-rò, -rai, -rà, -remo, -rete, -ranno

大過去
avevo lavorato
ero arrivato/a
avevo avuto
ero stato/a

近過去
ho lavorato
sono arrivato/a
ho avuto
sono stato/a

前未来
avrò lavorato
sarò arrivato/a
avrò avuto
sarò stato/a

＊essereをとるときは性・数の一致に注意

条件法

現在

lavorerei
arriverei
avrei
sarei

-rei, -resti, -rebbe, -remmo, -reste, -rebbero

接続法

現在

lavori
arrivi
abbia
sia

＊主語が単数のとき1・2・3人称で同じ形

著者プロフィール

小久保真理江（こくぼ・まりえ）
東京外国語大学非常勤講師。
ボローニャ大学・東京外国語大学博士後期課程修了。専門はイタリア文学。日伊協会での講師経験もあり、言語学や語学教授法にも強い関心をもっている。著書に、『イタリア文化55のキーワード』（共著、ミネルヴァ書房）がある。

イタリア語校正
Livio Tucci
Giulia Massini
Miriam Bertolini

もやもやを解消！イタリア語文法ドリル

2015年11月30日　第1刷発行
2020年 7 月30日　第4刷発行

著　者　小久保真理江
発行者　前田俊秀
発行所　株式会社 三修社
　　　　〒150-0001　東京都渋谷区神宮前2-2-22
　　　　TEL03-3405-4511　FAX03-3405-4522
　　　　https://www.sanshusha.co.jp
　　　　振替00190-9-72758
　　　　編集担当　伊吹 和真
印刷所　広研印刷株式会社

©Marie Kokubo 2015 Printed in Japan
ISBN978-4-384-05783-6 C1087

JCOPY〈出版者著作権管理機構 委託出版物〉
本書の無断複製は著作権法上での例外を除き禁じられています。複製される場合は、そのつど事前に、出版者著作権管理機構（電話 03-5244-5088 FAX 03-5244-5089 e-mail: info@jcopy.or.jp）の許諾を得てください。

イラスト：とつかりょうこ
本文デザイン：スペースワイ
カバーデザイン：白畠かおり